国のお仕事をネットで検索！

誰でも稼げる入札のススメ

山下 豪 著

ごま書房新社

はじめに

「仕事がない！」

そんな悲鳴をあちこちで耳にするようになりました。

「新規の発注がまったく取れない」

「これまでお付き合いがあった会社が発注を減らしてきた」

そんな嘆きの最後に出てくるのはとても恐い言葉です。


「この先どうなるんだろう？」


つい先月も、お仕事を頼んだ人からそんな切実な声を聞きました。

私は新規事業としてジュエリーやブランド品、その他なんでも取り扱う「買取店」を大阪でオープンする取り組みを進めており、業者の方に看板の制作と取り付けを依頼したのです。

その際、丁寧な対応でテキパキとした気持ちのいい作業をしてくださった40代の親方と打ち解けてお互いの仕事のお話をしました。その親方は看板の他にカーラッピングやカッティングシートなどの仕事も手がけているのですが、コロナ禍の影響で依頼が激減しているとのこと。

そこで私は「入札で仕事を受注する方法もありますよ」とアドバイスしました。

買取店を経営している私が入札の話をするのが不思議だったのでしょう。首をかしげながら看板屋の親方はこう言いました。「入札なんか僕らには無理です。もっと規模が大きくて社会的な信頼のある企業しかできないでしょ」と。

私は思わず、「この人もそうなのか」と心の中でため息をつきました。

そう、私の周囲の方々に官公庁入札の話をしても大抵は皆さんこの親方と同じ反応をするのです。

私はつくづく思います。固定概念にとらわれた思考回路を解放して、まずは何でも受け入れてみればよいのにと。

「知らない」を通り越して「知ろうとしない」

ということがどれだけ自分自身にマイナスを及ぼしているか、そのマイナスが会社と自分の家族、そして従業員やその家族にまで波及していく。やがては社会全体にまで。と思うと何とかしなければならないという思いがこみ上げてきます。

2019年秋に中国で感染が始まったとされている新型コロナウイルスは、あっという間に全世界に広がってしまいました。

その結果、世界規模で起きたのが猛烈な経済の落ち込みです。

経済が落ち込むと、真っ先に影響を受けるのは中小企業や個人事業主です。発注元の大企業が新規の発注を控えたり、発注を減らしたりするので、一気に売り上げが落ち込みます。

看板屋の親方のような人が最初に大きなダメージを受けるのです。

世界中の経済が今後も冷え込み続けたら、いったいどうなってしまうのでしょう?

仕事が今後も先細りになっていくとしたら、どうやって生きていけばいいのでしょう?

その問いに対する答えを私は知っています。

それが、本書で紹介する入札です。

入札に参加することで、「仕事がない」「収入が激減した」といった経済的な悩みを一気に解消することができるのです。

看板屋の親方にはきれいな看板をつけてもらった御恩もあるので、数日後に奈良県の防衛省関係の入札案件について見積もりを依頼しました。公用車6台に対して文字とイラストのカッティングシートを貼る仕事です。

「こんな仕事もあるんですか？」と彼はかなり驚いていました。

約1週間後、落札できたという連絡が発注機関の担当窓口からあったので、その旨を伝えてお仕事を正式に発注しました。

看板屋の親方が私に出した見積金額は20万円でしたので、値下げの交渉もせず、その金額での発注です。

では実際に私が落札した金額はいくらでしょうか？

答えは33万6600円です。

案件としては小さな規模ですが、私は懇意にしてくれた看板屋さんにすごく感謝されたうえに10万円以上の利益を一瞬にして得ることができました。

そのために私がやったことは次の3つだけです。

①ＨＰで入札広告と仕様書を見て、それを看板屋の親方にＬＩＮＥで送り、20万円の見積もりを出してもらった。
②入札書に税別金額／３０６０００と記載して判子を押して郵便で送った。
③落札後に看板屋の親方と初回打ち合わせに発注元に１回訪問した。

たったこれだけです。

落札するのにかかった時間をトータルしても、１時間程度。

実際の作業は看板屋の親方が１日で完了させてくれました。作業が終わったら終了届を郵送するだけで、１週間後には税込み33万６６００円が私の口座に振り込まれてました。

論より証拠――実際にやって見せることで人の心が動きます。現在、その親方は私のアドバイス通りに官公庁の入札資格を取得申請中です。今はどの案件を入札しようかと官公庁ＨＰの入札情報のページを閲覧しまくっているらしいです。

このケースからわかる入札のメリットは主に4つあります。

①やったことがない仕事でも受注できる。
　↓新規事業の拡大につながる。

②看板屋の親方にビッグな導入実績ができた。
　↓取引実績は広告宣伝や会社の信用につながる。

③あらゆる人脈を活かして仕事を受注できる。
　↓官公庁入札案件は多種多様なのであらゆる分野のお仕事の宝庫である。

④営業しなくても簡単に受注できる。
　↓入札に営業は一切不要。極めて公平に受注者が決定する。

その他、入札のメリットはあげればたくさんあります。

・元請けの立場で仕事ができる。
・スピーディーにお金が振り込まれる。
・経費がかからずに仕事を受注できる。
・人に喜ばれる。
・日本全国どこでも仕事を受注できるチャンスがある。
・自由に仕事が選べる。
・広告宣伝をしなくても日々数万件の仕事が待っている。
・官公庁の入札に参加するリスクはないに等しい。
・個人でも無料で資格が取れる。

等々…、枚挙にいとまがありません。

ところが、この親方がそうだったように、仕事で悩んでいる方に個別に官公庁入札の話をしてもほとんどの方が自分と関係がない別次元の話だと勘違いします。

そこで、私はもっとシステマティックにこの話を伝えられるようにと、2018年に株式会社ホットプラスを設立。同年12月より入札に対して未経験者向けの「みんなの入札ひろば」というビジネススクールを開校しました。官公庁入札の資格取得から入札参加、落札に至るまでのトータルサポートをするビジネススクールです。

おかげさまで、現在は約300名の個人・法人の方々が入札を学んで実践し自身のビジネスの幅を広げておられます。


官公庁などが発注者である入札は予算数兆円という巨大市場です。

景気が悪くなったからといって件数や予算が減ったりはしません。

むしろ、景気を刺激し支えるために、国は入札を増やすはずだ、と私は考えています。

今回、私が本を書こうと思ったのは、そんな国が拡充を進めている仕組みを活用することで、ひとりでも多くの人が現在の経済的な苦境を乗り越えてくれれば、と思ったからです。


私はサラリーマン生活を経て、2年前に会社を立ち上げました。

子供の頃から「商売」が大好きだった私にとって、起業は念願のスタートでしたが、最初は本当にたくさんの苦労を経験しました。

独立起業してみてあらためて知ったのは、信頼ゼロ――ほとんど人と見なされていない、と感じるような状態からのスタートを強いられることでした。金融機関を訪ねても、融資をしてくれないどころか、口座も作らせてもらえません。

オフィスを持ちたくても、ワンルームマンションすら貸してもらえないので、知り合いの社長さんに借りてもらったほどです。

そんな中、いろいろな人に助けてもらえたからこそ、今日までなんとかやってくることができました。

ですから今度は、苦しんでいる他の人たちを私が救う番だと考え、私自身が経験したことをもとにこの本を書きました。

入札に参加できるようになったらもう、「仕事がない」と嘆く必要はありません。

「この先どうなるんだろう？」と不安に思うことも大幅に減ります。

売り上げの低迷で悩んでいる方や新規ビジネスを立ち上げようと夢をもって邁進されてい

る方にとって、官公庁入札というビジネスの分野について詳しく知っておくことは盤石のビジネス基盤を構築する大きな助けとなるはずです。

そんな確信を持って、本書を皆様にお贈りいたします。

2021年1月吉日

山下　豪《つよし》

誰でも稼げる入札のススメ◆目次

第2章 中小企業や個人事業主の参加を国が求めてる！ 入札にはメリットしかない！

第3章　今すぐやってみよう！　入札案件の見つけ方から落札まで

第4章　自分だけでやらなくていい？
知り合いや専門の事業者と協力すれば「できること」が無限に広がる

第5章　コツコツ続ければ必ず成功する！　私がお手伝いした人たちの成功例

序章

入札なんてまったく知らなかった
京都人の私が北海道で
約６００万円の仕事を落札できた

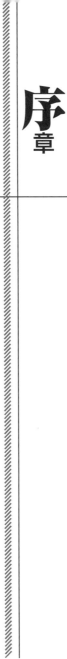

「入札資格を取ってみませんか?」

約10年前のある日、そんなお誘いを受けたのが私の入札人生の始まりでした。

私は当時、ある個人経営の会社で現場作業員兼営業担当として働いていましたが、正直、取り扱っている商品の売り上げはパッとせず、行き詰まりを感じながら働く日々でした。

そんな時、仲良くしていた取引業者の方が入札をやってみないか、と勧めてくれたのです。

「いやいや、そんなの無理でしょ」

誘ってもらえたのはとてもありがたかったのですが、私はそう断りました。

当時の私が入札という言葉から連想したのは、「公共工事」「談合」「出来レース」等々の言葉でした。

建設関係の仕事に就いているわけでもなく、地元の議員にコネがあるわけでもない私にとって、入札なんて「違う星の話」というくらい遠いことに思えたのです。


ところが、彼は大丈夫だと言います。

「普通のサラリーマンには無理でしょう?」

大丈夫。

「入札で仕事を受注できるのは、役所とかに特別なコネがある人でしょう？」

そんなことありません。

「そうは言っても特別な知識や技術がないと、参加できないんでしょう？」

誰でも参加できます。

「ややこしい手続きとかがたくさんあるんでしょう？」

資格さえ取れば、あとはそれぞれの仕事をした場合にいくらほしいか、金額を書き込むだけです。

それなら私でもできるじゃないか！　というわけで、最初に入札したのは「北海道にある某役所の窓拭き」のお仕事でした。

ちなみに、私は生まれも育ちも京都市内という生粋の京都人です。北海道にはそれまで、一度も行ったことがありませんでした。

しかも、窓拭きなんて大晦日に自宅でやるくらい。そんな私が縁もゆかりもない北海道の役所で窓拭き、というお仕事の入札に参加してみたのです。

なにせ、何もわからない中で、勧められるままに「こんな感じかな?」という金額を書いただけなので、取引先の人が手伝ってくれたとは言え、落札なんて無理だろう、と内心では思っていました。

ところが、驚いたことに見事落札できたのです。

入札のことなどすっかり忘れて、会社で仕事をしていたら、ある日、一本の電話がかかってきました。

「落札されましたので、お打ち合わせをお願いします」という電話でした。

北海道まで行くのは大変だ、と思ったので「電話で済ませられませんか?」とお願いしてみたのですが、あちらは来てくれと言います。

足を運んでみたら、その後はトントンと仕事が進みました。そうして、業者に依頼して、窓拭きの仕事を完了させたら、すぐに私がつとめていた会社の銀行口座には代金約600万円が振り込まれました。

この時私が驚いたことが2つあります。

一つは、入札した仕事はすべてを自分でこなす必要はないということ。

私は京都に住んで地元で働いていましたから、北海道で窓拭きをするのは不可能でした。ですから、最初はそんな仕事を受注するのはＮＧだろうと思っていました。

ところが、そうではないのです。北海道で窓拭きの仕事をしている事業者に依頼して、窓を拭いてもらってもいいのです。

北海道につてがない私は入札をやるよう勧めてくれた取引業者の方に、窓拭きをしてくれる事業者を紹介してもらいました。

もう一つは、仕事が終わりしだい確実に入金があること。

事業をやっている人ならわかってもらえると思いますが、これは本当にありがたいことです。民間の仕事だと、いちばん多いのは月中締めの翌月末払いではないでしょうか？

発注者の資金繰りが急に苦しくなって支払いが遅れたり、最悪の場合には支払ってもらえなかったりすることもあります。

入札の仕事にはそんな心配が一切ないのです。

なにせ、相手は国ですから、倒産したり資金繰りがまずくなったり、ということがありません。

請求書を受け取ったら30日以内に支払うという規定があるので、迅速かつ確実に支払ってくれるのです。

入札のうま味を知った私はそれからというもの、さまざまな案件にトライするようになりました。

例えば「畳の張り替え」というお仕事を落札したことがあります。ある施設の畳を入れ替えるだけ、というお仕事ですが、もちろん私自身は畳の張り替えなんてできません。

だったらどうするのか？

私がしたのは畳を入れ替える施設の近所にある畳屋さんを探して、お見積もりを出してもらう、という簡単な作業でした。

施設の広さや畳の品質については発注者側が出している資料があるので、畳屋さんからは正確なお見積もりをもらえます。

その金額にそれなりの利益をのせて入札してみたところ、見事落札できました。

作業は畳屋さんがやってくれるので、私がしたのは完了後の検査に立ち会うことくらい。

たったそれだけの手間で数十万円の利益を稼ぐことができました。

入札にはそんな効率よく稼げるお仕事がゴロゴロ転がっているのです。

そのことがわかるにつれて、私が思うようになったのは「他の人たちも稼いでほしい」ということでした。

ライバルが増えることになりますが、それはかまいません。

どんな市場も多くの人が広く参加するようになれば、さらに盛り上がるからです。

そんな思いで、私は今、「みんなの入札ひろば」を運営して、新しく入札に参加する人たちをサポートしています。

第1章

入札は国や自治体の「お買い物」

■入札は官公庁や地方自治体などの「お買い物」

「入札《にゅうさつ》」という言葉を見て、皆様は何を思い浮かべるでしょう？　魚や野菜を扱う市場のセリとか、Ｙａｈｏｏ！　オークションなんかをイメージする人が多いのではないでしょうか。

ちなみに、「大辞林」という辞書を引いてみると、次のように説明されています。

売買や請負などで最も有利な条件を示す者と契約するため、複数の競争者に見積額を書いた文書を提出させて契約者を決めること。競争契約の一つ。いれふだ。

簡単に言うと、売り手が何人かいる状況で、ものやサービスを買う時、それぞれにお値段などの条件を出してもらって、いちばんいい条件を提示した人から買う、というお買い物の方法が「入札」なのです。

ただ、普通の人がお買い物をする時に入札を利用するケースは少ないと思います。例えば、エアコンが壊れてしまった時、普通は地元の電気屋さんで修理してもらったり、近くの家電販売店を訪れて、性能やお値段をあれこれ見た上で気に入った機種を買ったりするはず。

日常使いの入札といえば、Ｙａｈｏｏ！　オークションくらいでしょうか。

一方、「お買い物と言えば入札」という人たちもいます。国の機関である官公庁や都道府県・市区町村などの自治体、あるいは公共性の高い法人などです。

彼らはエアコンが壊れたからといって、「とりあえず近所の修理屋さんに頼む」ということがなかなかできません。また、新しいエアコンを買う場合も、「適当な家電販売店で見繕う」というやり方が基本的にはＮＧとされています。

なるべく入札をするよう、国が定めているので、修理を頼む時も新しいエアコンを購入する時も、いちいち手間をかけて入札公告を作成して入札に参加してくれる業者を募集しているのです。

■国や自治体などの「お買い物」には3つのやり方がある

国や自治体はなるべく入札をするよう定められていますが、それ以外のやり方を選ぶこともあります。

大まかに分けると、次の3つの「お買い物方法」があり、それぞれ状況によって選択しているのです。

①一般競争入札

入札情報を広く公開することで、なるべくたくさんの参加者を募って行われるやり方です。

一定の資格を持っていれば、希望する人は誰でも参加でき、指定された範囲内でもっとも低い価格をつけた人が落札者になります。

国内で、いちばんたくさん開催されているやり方なので、「入札」と言う場合にはたいてい、一般競争入札のことを指します。

この本でも、この後は一般競争入札のことを単に「入札」と書くことにします。

②指名競争入札

発注者が指名した人たちだけで行われる競争入札です。どの事業者を指名するかは発注者が自ら決めた条件をもとに決めます。難易度が高い作業や特別な物品の納入など、一般競争入札では問題が発生しそうなケースで開催されます。

③随意契約

入札をせずに契約を決めるやり方です。その名の通り、発注者側の「随意（自由な意思）」で契約相手を決めることになるので、採用する発注者には慎重さが求められます。指名競争入札の対象になる案件よりも、さらに特異な作業や物品を発注する時に選択されます。

目的は癒着や不公平を防ぐこと

前述の3つのやり方の中で、官公庁側にとって手間や時間がいちばんかかるのは一般競争入札です。

まず、応募してくれる事業者がたくさん集まるよう、「こんなサービスや商品を買おうとしていますよ」という情報を広めなければなりません。

そのためには、調達したいサービスや商品の詳細を事前にちゃんと決めて、誤解なく誰もが理解できるような説明文も作る必要があります。

さらには、相場はいくらくらいか、調べることも欠かせません。入札価格が高すぎたり、安すぎたりすると、後でトラブルが起きる危険性があるからです。

事前の準備だけで、ずいぶん手間がかかるのです。

それでも、一般競争入札が推奨されているのは、買い手と売り手の癒着や不公平を防ぐためです。

国や地方自治体、公共性の高い団体などが「えこひいき」をするのは大きな問題です。

「値段は高いけど、議員の友だちが経営している電気店に修理を頼んだ」

「エアコンなどの電化製品は毎回、市長の親戚が役員をしている家電販売店から買っている」

こんなえこひいきが明らかになると、国や自治体に対する信頼は一気に崩れてしまいます。また、提供される作業や物品の価格も高くなりがちです。最初から契約してくれることがわかっていると、事業者の側は値引きをする必要がないからです。

国や自治体などの発注者が支払う代金はもともと国民から徴収した税金です。そんな血税をできるだけ有効に使うために、手間を惜しむわけにはいきません。

そのため、公共性が高い機関が「お買い物」をする時には、入札という手段を選ぶのです。

実際、入札の中には「ボールペン」などとてもお安いものもあります。もちろん、ある程度大きな単位ですが、「３００本を80円で」という価格での落札なら、合計２万４０００円にしかなりません。

公示から落札まではずいぶんな手間がかかるので、「近くの文房具店や１００円均一ショップでいいんじゃないの?」と多くの人が思うのではないでしょうか。

それでも、入札を採用するのは公平公正であることに対する必要性がとても高いからなのです。

■出来レースなんかじゃない! 官公庁の一般競争入札の大半は透明性がとても高い

私が入札の話をすると、多くの人は「入札なんて出来レースでしょ」と言います。

最近では減ったようですが、一昔前まで、大きな工事の入札では当たり前のように談合が行われていたと言います。

入札に参加する建設会社同士がグルになった上、発注側の担当者までが裏でつながっていて、落札する会社や金額を決めていたのです。

ニュースでたびたびそんな談合の問題が報じられたので、「入札=出来レース」というイメージが多くの人の頭に刷り込まれてしまったのでしょう。

建築系の入札は特殊なので、正直、外部からはなかなか事情をうかがい知ることができません。特別な資格が必要であり、一般の人は参加できないのです。

高速道路や橋などは作るのに高度な技術が要るうえ、人の命に関わる仕事が大半なので、入札の参加資格を厳しく設定しているのは当然なのでしょう。

ただ、その分、透明性がとても低いため、今でも出来レースがあるのか、どのくらいの割合を占めるのか、は外からはわかりません。

同じような問題を抱えているのが地方自治体の入札です。世界が狭く役所の人も業者もたいてい知り合いなので、出来レースがとても多いと言われています。

でも、私がこの本で皆さんに勧めたいと思っている国（官公庁）の一般競争入札は違います。

誰でも参加できることもあって、とても透明性が高く、談合や裏取引はほとんどない、と言い切ることができます。

これまで、私は数多くの案件を見てきました。実際に入札に参加したこともたくさんありますし、そのために過去の落札企業や落札価格もあれこれ調たこともあります。そんな活動の中で、「出来レースかも」と感じたケースはほとんどありません。

毎回、決まった事業者が落札している案件や、不自然な価格で落札されている案件というのはまず、見かけません。

■入札の仕組みはとてもシンプル

入札の仕組みはとても簡単です。

一般の人にも馴染みが深い「Ｙａｈｏｏ！　オークション（ヤフオク）」よりも簡単な部分もあるほどです。

ヤフオクの場合には、締め切りまで何度でも入札できるので、どんどん値段が上がっていくことがありますよね。

そうなると、締め切りまで価格を見守る必要があるので、落札するのはけっこうたいへんです。

「ちょっと目を離しているうちに、思っていたよりも価格が上がってしまって落札できなかった」などということも少なくありません。

一方、国や自治体などが開催する入札では、ほとんどの場合、金額を提示するのは一度だけです。

参加者が提示した金額が発注者の想定外だった時には、再入札になることもありますが、たいていは一度の入札で落札者が決まります。

詳しくは後で説明しますが、「入札の募集を見つける」→「仕様書を取り寄せて読む」→「業務の代価としてほしい金額を書く」→「参加者の中で最低価格なら見事落札」というのが一般的な流れです。

とてもシンプルでわかりやすいので、初めての人でもすぐに理解できます。

■必要なのは資格だけ――狙い目は官公庁向けの「全省庁統一資格」

「そうは言っても、誰でも参加できるわけじゃないんでしょう?」

入札のことを説明すると、よく、そんな風に尋ねられます。

たしかに、「よさそうな入札案件を見つけたから、参加してみよう!」というような飛び入りができるケースはあまり多くありません。そういうオープンな入札もあるにはあるのですが、まだ少ないのが現状です。

大半の入札に参加するためには国や自治体などが発行する参加資格が必要です。ただし、この参加資格の中には非常に簡単に取得できるものがあります。それが、この本で私がお勧めする「全省庁統一資格」です。

入札を開催する公の機関は「国の系統」と「地方自治体の系統」に分かれます。前者は官公庁や独立行政法人、特殊法人など、後者は都道府県や市区町村などです。

このうち、後者の入札に参加するための資格は取るのがかなりたいへんです。○○県や××市という自治体ごとに別の資格が設けられているので、発注者が違う場合はそれらをいちいち取得する必要があるのです。

しかも、自治体の資格には取得するためにいろいろな条件をクリアしなければならないものが多いので、複数取るとなると、それなりの時間や労力がかかります。

出来レースが多いとも言われており、苦労して資格を取ってもなかなか落札できません。落札できるのは利益がほとんど出ない案件ばかり、ということがほとんどです。

一方、全省庁統一資格はその名の通り、取得すれば全省庁はもちろん、独立行政法人や特殊法人が主催する入札案件のほとんどに参加できるすぐれものです。

しかも、取得も簡単。

ただ一つ「税金を滞納していない」という条件をクリアしていれば、誰でも取れます。

第2章

中小企業や個人事業主の参加を国が求めてる！入札にはメリットしかない！

■官公庁入札には誰でも参加できる

しばしば誤解されていますが、入札は特別な人や企業だけが参加できる「閉じられた市場」ではありません。

民間の仕事の場合には、「やりたい！」と手を挙げたからといって、いきなり発注を検討してもらえるケースはほとんどない、と言っていいでしょう。

知名度や実績、会社の規模などが厳しくチェックされるのはもちろん、たいていは「誰かの紹介」がなければ、相手にもしてもらえません。

例えば、ある会社が「社屋の清掃」というお仕事の発注先を探している、という情報をつかんだとしましょう。

丁寧な仕事に自信がある清掃会社でも、「うちにやらせてください」と営業に行くだけでその仕事を取れる可能性はかなり低いのが現実です。

発注する側になって想像してみるとわかりやすいと思います。

「ちゃんと丁寧に清掃をしてくれるんだろうか？」

「不当に高い追加料金を請求してきたりしないだろうか？」

「見知らぬ人が会社に入るのは嫌だ！」

「セキュリティは大丈夫か？」


まず、こんな風に考えるのが自然でしょう。

ですから、「知らない会社じゃなく、取引先の○○さんが紹介してくれた会社に委託しよう」と多くの人は判断するのです。

知り合いが「あそこはいいよ」と言っている会社の方が、誰の推薦もない会社に比べて、コストパフォーマンスが高く、安心できる可能性が高いからです。

人気が高い競合を横目でにらみながら「うちの方がいい仕事をしているのに！」と悔しい思いをしている人は少なくありません。でも、その状況を逆転するのには、それなりに長い年月がかかります。

信頼を積み上げ、コネクションを増やすのには時間が必要なのです。

特に、競争相手の規模が大きい場合はたいへんです。中小企業が一部上場企業と張り合うのは横綱と小学生が対戦するようなもので、まず勝ち目はありません。

コンペに参加できて喜んだけど、最初から出来レースだった。

見積もりは競合より低め、提案内容だって負けてないのに、はなも引っかけてもらえなかった。民間のビジネスで、こんな経験をしたことがある経営者はたくさんいるはずです。

ところが、入札は違います。

一部には例外もありますが、資格さえ取得できたら、たいていの入札案件に参加できます。そうして、いったん参加できたら、原則的には金額以外の条件は問われません。

同じ案件の入札に一部上場企業が参加していたとしても、書類に書き込んだ金額が安い方がその案件を落札できるのです。

知名度も規模も実績も関係ありません。「自宅がオフィス」という個人事業主と東京駅前にオフィスビルを構える一部上場企業が同じ土俵でがっぷり四つに組んで戦えるのです。

仕事をもらうのに営業努力が要らない

営業にはお得意様を回るルート営業と新規顧客の開拓営業があります。

営業活動をやったことがある人ならわかると思いますが、前者に比べて後者は圧倒的にたいへんです。

お付き合いのなかった会社や個人から、初めてお仕事をもらうためにはゼロから信頼関係を築き、「この人なら任せてもいい」と思ってもらう必要があります。

間違いのないサービスや商品を納期までにちゃんと提供する事業者だ、と信じてもらうためには膨大な手間と時間がかかるのです。

しかも、どんなスーパー営業マンでも、アプローチした人や会社から100%の確率でお仕事や商品を発注してもらえるわけではありません。

1件の新規案件をとるためには、数十件、数百件の空振りが発生するのが普通です。業種にもよりますが、営業は砂の中から砂金を探すような仕事です。

新聞広告や折り込みチラシ、看板、パンフレットといった販促アイテムの制作。

小まめな顧客候補への訪問。

PPC公告やHPへの誘導などのネット販促。

丁寧なアフターサービスやフォローによる良好な口コミの獲得。


新しい仕事をゲットするためには、とにかく手間暇がかかり、お金がかかります。

宣伝広告費を削ると、売り上げが下がり、さらに宣伝広告に回すお金がなくなり……という悪循環に陥ることもあり得ます。

新しい仕事をとるための営業は事業者にとって、リスクの大きなギャンブルでもあるのです。

かといって、ギャンブルから降りれば、新規の仕事は大幅に減ってしまうので、資金を注入し続けなければなりません。

これはとても恐いことです。


入札にはそんなリスクがありません。

そもそも、営業活動が要らないからです。広告宣伝は不要です。役所の担当者と親交を深めるために、食事やお酒に誘う、ということもありません。もしそんな活動をすれば、逆に問題になってしまいます。

案件を見つけて、見積もりを出し、その金額を送るだけ、という極めて少ない活動で、仕事や商品の発注を受けることができるのです。事業をやっている人にとって、これはとても大きなメリットです。

これほど営業努力の要らない市場はめったにない、と言えるでしょう。

■落札した人や会社は「元請け」になれる

個人事業主や中小企業が仕事の元請けになるのは簡単ではありません。規模が大きい仕事は特に、大手企業が元請けになってしまい、個人事業主や中小企業はその下請けに入るのが一般的です。

場合によっては孫請け、ひ孫請けと仕事が流れていき、元請けをはじめとする上流の事業者はマージンを抜くだけ。実際に仕事を請け負う事業者の利益がいちばん少ない、というケー

＜図１＞

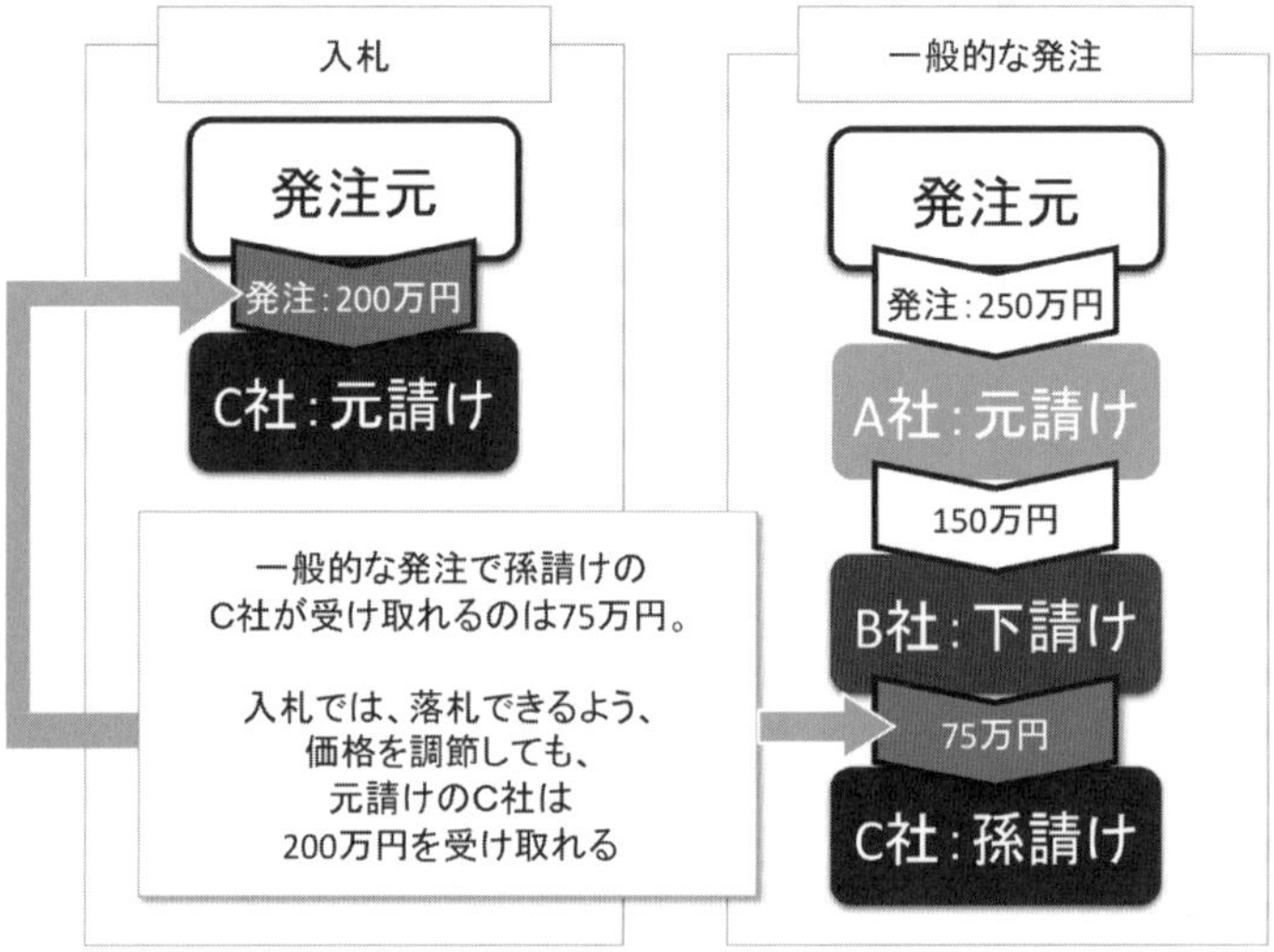

スが少なくありません。

建設業界が有名ですが、広告やＩＴなどの世界でも、そういったお仕事の丸投げは日常茶飯事です。

大手企業が元請けになれるのは知名度が高くブランド力が強いからです。そういった魅力は主に広告宣伝活動にお金をかけることでもたらされているだけで、特に素晴らしい仕事ができるわけではありません。

というのも最近では、現場で働く職人やクリエイター、エンジニアなどの大半は大手企業に所属していないからです。

大手企業は大きな仕事を受注すると、下請けに丸投げしたり、細かく分割して下請けに割り振ったりするだけ。

現場で仕事をするのは、大手から仕事を丸投げされた個人や会社です。

一方、入札の場合には、先ほども解説したとおり、大手企業と個人事業主や中小企業が同じ土俵で競争できます。

知名度やブランド力による有利・不利はないので、下請けにしかなれなかった個人事業主や中小企業が元請けになれるのです。

図1で示したように、一般的な入札では下請けとして仕事をするC社の売り上げは75万円です。ところが、入札で落札に成功したら、たとえ競争に勝つために入札価格を調節したとしても、２００万円を売り上げることができます。

同じ仕事で売り上げを2倍に増やせるのです。

■入札ではさまざまな仕事を落札できる

世の中には何種類くらいの仕事があるのでしょう？　分類の仕方によっても数え方が変わ

るので、一概には言えませんが、独立行政法人「労働政策研究・研修機構」の調査によると、日本には約1万7000種の職業がある、とされています。

一つの職業に就いている人がいくつもの仕事をこなすことは珍しくないので、仕事の数は星の数ほどある、と言えるかもしれません。

しかしながら、個人事業主や中小企業が普段手がけている仕事の範囲はある程度決まっています。

例えば、街中にある外食店の経営者であれば、レストランの経営に加え、テイクアウトの提供やお店を使うイベントを開くくらいでしょう。

ポスターの制作や建物の警備などはまずやりません。

また、同じ外食系の仕事でも、官庁の職員食堂の運営、といった規模の大きな仕事を依頼されるケースはないと思います。

民間の仕事では一般的に、経験や実績、会社の規模などが問われるためです。

ですから例えば、ある仕事を十分にこなせるだけのスキルを持っていても、なかなか発注にはつながりません。

発注する会社の担当者には「未経験の個人や会社に発注するのは危険。もしもサービスや製品の品質が悪かったり、納期を守れなかったりした場合には、自分が責任を問われてしまう」という怖さがあるからです。

なるべく規模が大きくて経験豊富な会社に任せたい、と担当者の多くが考えるので、立ち上げたばかりの会社や規模が小さい会社にはなかなか発注が入りません。

ところが、官公庁入札にはそういった「差別」がありません。会社の規模や経験が入札参加の条件となっているケースもありますが、大半の一般競争入札で参加の条件とされているのは、前述したように、誰でも簡単にとれる「全省庁統一資格」だけです。

参加さえできれば、どの会社が落札できるのかはほとんどの場合、価格だけで決まります。

まだ規模が小さいスタートアップや経験や実績が少ない企業でも、利益率を少し抑えれば仕事を請け負えるのです。

また、これは次の章で詳しく解説しますが、落札した仕事を自分でやってもいいし、元請けとして、専門の事業者と協働でお仕事をこなすこともできます。

例えば、工務店が家を建てる場合、基礎を設ける業者や屋根を葺く業者など、いろいろな専門家と協力します。

入札も同じです。いろいろな人たちと協働で仕事をすることで、さまざまな案件を手がけることができるのに加え、自分だけでなく知人や友人にも稼いでもらうことができます。落札者を起点に、社会全体が潤う仕組みなのです。

官公庁の入札の場合、地域についてもまったく制限がありません。民間の仕事では「地元の事情をよく知っている」「連絡を取りやすい」などの理由で、仕事の依頼先を地元に限ることがよくあります。

ところが、官公庁の入札ではそういった制限が設けられていないので、北海道の案件を沖縄の事業者が落札することもできます。全国47都道府県すべてを仕事場にできるのです。

■仕事の品質について問題が起きることが少ない

仕事の難しさはいろいろなところに潜んでいますが、品質や仕様に対する要求のすり合わせもその一つです。

納品した側は当初の契約や打ち合わせの通りにサービスや製品を提供したつもりなのに、発注側が「質」について納得しない、というケースを経験したことがある人は多いはず。

もちろん、提供したサービスや商品に明らかな不具合がある場合にはやり直したり取り替えたり、という対応が必要でしょう。

でも、草刈りをした公園の芝生が仕様書よりも3ミリ長かったとか、納入した一部商品の外箱に小さな汚れがあった、というような場合にやり直しを求めたり、全商品の取り替えを要求したりするのは行きすぎ、というのが一般的な判断だと思います。

民間の仕事の場合には、そういった「品質」に関するトラブルが時々起きます。

あらゆることが契約書に明記してあればよいのですが、現実には起きる可能性がある出来事について、事前にすべて取り決めるのは不可能だからです。

世間の常識や業界の慣例をもとに判断するしかありませんが、発注者側から常識的な範囲を大幅に超える「完璧さ」を求められると、サービスや物品を提供する側は困ることになります。

「まだ納得できるレベルじゃないから業務完了とは認めない」と支払いを拒否されたり、業務が完了したあとに値引きを求められたりすると、予定していた売り上げを得られません。

特に日本人は世界一細部の出来映えにこだわる、と言われます。

効率よりも完璧を求めるのが正しい仕事のやり方、と考える人が今でも少なくないので、仕事を請け負うと、もともとの契約にはないレベルの品質を要求されることがあるのです。

入札ではそういった仕事の品質に関わる問題は非常に稀です。

少なくとも、仕様書で要求されている条件さえクリアすれば、それ以上の品質や仕様書に書かれていない業務を求められることはありません。

仕様書と契約がすべてなので、非常に安心して仕事をすることができます。

背景にあるのは発注者である役所の職員が発注する業務の専門家ではない、という事情です。落札した事業者から「完了しました」という報告を受けたら、ちゃんとできているか、確認するのは発注した職員の仕事です。

その際、本当は専門知識がないと「必要な品質が保たれているか」を判断するのは難しいので、確認するのはただ1点――「仕様書どおりにできているか」ということだけなのです。

実際に私が落札した「某施設の畳の入れ替え」という業務で、担当の職員が業務の完了を確認するためにしたのは、「畳の上を歩くこと」だけでした。

これが民間なら、しゃがんで畳の縁の処理を確認したり、這いつくばって平らかどうかを細かくチェックしたりするでしょう。場合によっては畳の中身を見たい、と言い出すことだってあるかもしれません。

ちゃんとした畳職人さんに依頼した仕事なので、もちろんそんなチェックを受けても大丈夫でしたが、対応するのには手間と時間がかかりますし、万が一ダメ出しをくらったら、と思うとかなりストレスを感じたはずです。

畳の上をスタスタ歩いておしまい、というやり方をしてもらえたら、手間や時間を省くことができますし、精神的なストレスも抑えられます。

例え、少しくらい価格を抑えて落札したとしても、品質に関する問題の少なさを考えると、入札にはコスパのいい案件が多い、と私は感じています。

■官公庁の仕事を請け負うことで自社のブランディングができる

自社のＨＰや名刺などに「取引先」の名前を載せている会社をよく見かけます。

初めて会う相手でも、受け取った名刺に誰もが知っている大企業の名前があると、それだけで「お、この会社はそんな大手と取引ができるほど、仕事の質が高く信頼できるんだな」と思えてくるものです。

そんな効果があるからこそ、大企業とお付き合いがある会社は「取引先」の名前をあちこちに載せているのです。

ただ、大企業といきなり取引をするのは簡単ではありません。「お取引を」を狙っているライバルがたくさんある中、彼らを押しのけて、新規の発注をもらうためにはたいへんな努力と工夫、それに運が必要です。

だったら、大企業ではなく、官公庁を取引先にしてみたらどうでしょう？

もうおわかりだと思いますが、大企業と違って、官公庁を取引先にするのは簡単です。

そう、入札に参加して、彼らが発注する業務や物品の納入を落札すればいいのです。


例えば、清掃のお仕事を例に考えてみましょう。

「大企業の本社ビルを定期的に掃除する」という業務を受注するのは容易ではありません。

ほとんどの企業はすでに清掃会社と契約を結んでいるからです。

仕事ぶりやコストによほど不満がなければ、普通はわざわざ清掃会社を変えたりしません。

情報の漏洩を防ぐためにも、信頼できる会社を使いたい、という考えが強いからです。

あなたの会社が大企業の本社清掃を請け負うためには、清掃に関係する大きなトラブルが起きたタイミングで売り込みにいくか、利益を徹底的に削った料金設定を持って売り込みに行くしかありません。

でも、利益を削りすぎれば、赤字になりかねません。他のライバルたちも負けじと値下げに走るので、その危険性はかなり高いでしょう。

もちろん、その結果、清掃の仕事を奪取できたら、大企業の名前をＨＰや名刺に記載できます。ただ、その名前によって、赤字の額につり合う利益が得られるかどうかは判断が難しいところです。

一方、官公庁の施設清掃という業務を請け負いたい場合には、本書で説明してきた通り、入札に参加して落札するという手順が必要です。

逆に言えば、それだけで仕事をもらえるのです。

ＨＰや名刺に取引先として「厚生労働省」「防衛省」「財務省」などの名前が並んでいたら、会社のブランド力や信頼性は一気に高くなります。

官公庁入札が実は簡単であり、誰でも参加できることを今はまだ多くの人が知りません。ですから、誰もが知る官公庁の名前を取引先として記載できたら、「お、すごい会社だ」「小さな会社だと思っていたけど、なにか特別なスキルを持っているに違いない」などと思ってもらうことができるのです。

そういったブランド力はとても大切であり、大きな効果を発揮します。

今まで二次下請け、三次下請けとしてしかお付き合いができなかった大企業から、直接お仕事をもらえる可能性が高まります。

「うちの仕事をするのには力不足だろう」と見ていた大企業が、「官公庁の仕事をしているくらいなら、大丈夫に違いない」と思ってくれるケースが増えるのです。

「融資」においても、官公庁の名前は好影響をもたらします。大企業の正社員よりも公務員により多く貸し付けたがることでもわかるとおり、金融機関は官公庁の信頼性を高く評価します。そんな官公庁と取引している、となれば、それまでに比べて、より有利な条件での借入が可能になることが多いのです。

■未経験の仕事にチャレンジして経験を積める

新型コロナウイルスの影響を受け、社会の様子が大きく変わりつつあります。

国内だけでなく、全世界的に働き方や学び方、住まい方、レジャーなどが変化しているのに伴って、私たちはこれから、見たことも暮らしたこともない社会で生きることになりそうです。

お金の稼ぎ方もガラリと変わるでしょう。

すでに、外食産業や旅行業は大きなダメージを受けています。航空会社や電鉄会社など、大企業が多い業界の落ち込みも激しいので、それに連なる仕事はこれからどんどんやせ細っていく、と考えておく必要があります。


住まいの需要も大きく変わってきました。

これまでは、大都市中心に集中している仕事場に通勤しやすい立地が人気を集めてきました。田舎暮らしに憧れる人がいても、通勤のことを考えると無理、というケースが大半だったのです。

ところが、新型コロナウイルスに感染するのを防ぐため、多くの企業でリモートワーク・在宅ワークが推奨されるようになりました。

当初はとりあえず自粛期間中だけの予定だった企業が多数派でしたが、いざ、自粛、解除、また自粛というサイクルをくり返してみると、「家にいても仕事の効率は変わらない」と気づく企業が増えたようです。

その結果、「ずっと在宅でかまわない」とする企業が急増しています。

経済の構造が変わり、働き方が変わると、人気の仕事、稼げる仕事も今までと同じではなくなります。社会が変化する中で、必要とされる仕事をいち早く始めた人が今後は成功者になるはずです。

新しい仕事を素早く立ち上げて成功させるために一番必要なのは経験値でしょう。

いろいろな仕事をしてトライ＆エラーをくり返した経験があれば、「ウイズコロナの時代にニーズが爆発するのは〇〇だ！」と人より早く気づき、無駄な試行錯誤をすることなく、スタートを切れます。

ただし、そうはいっても、稼げるかどうかわからない仕事を未経験者がいきなり始めるのは危険です。もくろみが外れたら、何カ月も収入が途絶えてしまうかもしれません。

そこで、利用してほしいのが入札です。

官公庁の入札案件はとにかく数が多く、種類も多種多様です。本当にいろいろな仕事の募集があるので、仕事の経験を積みたい方にはピッタリです。

また、これまでも解説してきたとおり、入札の大半は金額だけを問う「一般競争入札」です。ある仕事を請け負う事業者を選ぶのに、経験を条件にするケースはそれほど多くありません。民間ならまず間違いなく「似たような仕事をしたことがありますか?」と尋ねられるケースでも、官公庁の入札案件では経験を条件にされることは少なめです。

■入札で経験したことが本業に役立つことも多い

いろいろな仕事を重ねる中で積み上げた経験は、本業にも役立ちます。例えば、「それまで人を使ったことがない個人事業主のAさんが施設清掃の仕事を落札できた」というケースを例に考えてみましょう。

見事、落札に成功したAさんはさっそく、SNSを使って施設の近くに住む主婦を集めます。

人を集めて選ぶのはいろいろと気を使う作業です。

まず、どうやって告知するのか――費用があまりかからず、なおかつ効果的な方法を見つけなければなりません。

働き手の候補がたくさん集まったら、次は選抜です。面接をするのが普通ですが、頼みたい仕事に合う人を選ぶのにはどんなことを聞けばいいのか、どんなことを判断の基準にすればいいのか、考えるべきことや工夫しなければいけないことは山ほどあります。

人選びで失敗すると、現場の雰囲気が悪くなったり、作業の効率が落ちたり、といった弊害が発生しかねません。

成功や失敗を何度かくり返すうちに、少しずつ、人を見る目が養われます。個人事業主として本業を頑張るだけではなかなか得られないスキルが身につくのです。

そうやって得たスキルは本業のステージが変わった時などに役立ちます。新しい分野の仕事を始めたり、事業を拡大したりする際には、それまでにない人間関係が必要になることもあるでしょう。

入札でいろいろなことを経験していると、本業の発展に役立つことはとても多いのです。

■落札した仕事を発注する中でまったく新しい人脈を築ける

前述したとおり、入札を手がけるようになると、自分が今までチャレンジしたことのない仕事に関わることができます。

新しい分野に進出するハードルがとても低いので、「あれもこれも」という感じで楽しみながらトライしてみることができるのです。

その中でいろいろな経験値が積み上がっていくことは前の項で解説しましたが、さらに大きなメリットと言えるのが、新しい人脈の拡大です。

長年、一つの仕事に精を出している人は、業務に役立つしっかりとした人間関係を築いているものです。

ただ、どうしても一つの仕事に必要な人とのつながりに限定されてしまうことが多く、広がりに欠けるのが悩み、という声を時々耳にします。

もちろん、人脈を広げるために、いろいろな活動をしている人もいます。

異業種交流会に積極的に参加してみたり、ＳＮＳなどで情報を発信してみたり、といった活動をすれば、人の輪を広げることができます。

入札はそんな活動の一つとしても役立ちます。

詳しくは第４章で解説しますが、落札した仕事で自分ではできない大きな仕事の場合には自分が元請けになって、いろいろな専門技術を持つ人たちと一緒に仕事をすることで、たくさんの入札を一度に手がけることができます。

この、落札した案件を協働で手がけた先がその後の人生に役立つ、とても素晴らしい人脈になるのです。

例えば、官公庁の入札案件は全国のあちこちで発注されており、ほとんどの場合、入札者の住所は問われません。前述したように、北海道の案件を沖縄に住んでいる人が落札することだってできるのです。

その場合、沖縄の人は北海道の事業者に業務への協力を依頼するのが一般的です。わざわざ飛行機に乗って北海道まで出かけていたら、非常に大きな手間と旅費がかかってしまうからです。

発注者と打ち合わせをする時には、現地に足を運びますが、代理人を立ててスタッフを動かすことで対応できるケースもあります。

遠隔地にいる代理人とは電話やインターネット回線でつながるテレビ電話システム、メールなどを使ってコミュニケーションをとれば、たいていの案件は賄えます。

沖縄に住んでいる落札者にとって、北海道の事業者はまったく見知らぬ他人ですが、仕事に必要な情報をやり取りする中で信頼が生まれ、たいていは「また案件があったらお願いしますね」という関係に発展します。

これはとても貴重な人脈です。

異業種交流会やＳＮＳで築くものに比べても、「仕事」というとても大切な活動を共有しているだけに、より濃くて厚い関係が生まれるのです。

いろいろな地方はもちろん、いろいろな業界にもどんどん人脈を広げることができれば、その価値は計り知れません。

■人脈が広がると入札で稼げるようになり本業も活性化する

入札によって人脈が広がると、さらに入札で稼ぎやすくなる、という好循環が生まれます。人を使って落札した仕事をこなす場合、最初からとても円滑に業務が進み、大きな利益を上げられた、というケースは稀です。

どんな仕事でも同じですが、初めはどうしてもギクシャクしますし、思い切った利益を載せることができないので、儲けも小さくなります。

でも、1回目より2回目、2回目より5回目……と、回数を重ねると、手間が減り、儲けが大きくなっていきます。

慣れもありますが、人脈ができる効果も大きい、と私は感じています。

1回目に作業をお願いした人たちに、2回目以降も依頼すると、お互いのことがよくわかっているので、無駄なやり取りを大幅に減らせます。信頼関係ができているため、「一から十まで」説明する必要がなく、極端に言うと、「お願いしますね」「任せておいてください」で、仕事が進むようになるのです。

また、彼らに頼めることがわかっているので、次に入札する案件について、どのくらいのコストがかかるのか、あらかじめ正確に見積もることができます。

協働で仕事をしてもらうのに要するコストがわからないと、どうしても金額を大きめに書くことになり、落札を逃してしまいがちですが、人脈ができると、利益を最大化しながら、うまく落札できるようになるのです。

築いた人脈はもちろん、本業でも活かすことができます。

それまで、事業展開を考えたこともなかった地方での展開や、新しい業種へのチャレンジが小さな労力で不安なくできるようになります。

特に、ウイズコロナの時代には大きな変革があちこちで起きるはずです。生き残り、事業を発展させていくために、信頼性の高い人脈は強力な武器になる、と考えるべきでしょう。

■入札はまだまだ参加者が少ないブルーオーシャン

入札に参加するメリットで、いちばん大きいのは「まだ参加者がとても少ない」ということです。

本屋さんやインターネット上を見ると、「お金の稼ぎ方」に関する情報があふれているのに気づきます。

ＦＸや仮想通貨などの投資に関するもの、副業に関するもの、競馬やパチンコなどのギャンブルに関するもの……少し関心を持って調べてみると、大量の情報が見つかります。

お金は生活の基盤ですから、「少しでも収入を増やしたい」というのはたいていの人にとってトップ３に入る願いだと思います。

「安全で利回りが高い投資について知りたい」「効率よく稼げる副業はないのかな？」「ドカンと稼ぐにはどうしたらいいんだ！」等々、お金についてあれもこれも知りたい、と思っている人が多いので、その分、情報もたくさん用意されているのです。

ところが、そんな中、入札に関する情報はまだまだ少ないのが現状です。

ここまで紹介してきたとおり、入札はメリットがとてもたくさんある稼ぎ方なのに、巷《ちまた》ではあまり知られていないのです。

知っている人が少ないということは参加する人も少ないということです。

参加する人が少なければ、競争率が低く抑えられます。「値下げ競争」になったり、入札に参加しても空振りばかりだったり、というケースが少ないのはそのためです。

この本を書いている2020年秋の時点で、官公庁入札は完全な**「ブルーオーシャン」**です。

もし少しでも関心が持てそうであれば、まずは始めてみることをお勧めします。

どんな仕事や投資にも「先行者利益」と呼ばれるものがあるからです。

例えば、最近の例で言うと仮想通貨のビットコインがわかりやすいかもしれません。

国内ではまだほとんど誰も存在を知らなかった2012年1月1日の価格は、1ビットコインあたり、5・3ドルでした。

この時、もし100ドル分買っていたら、8年後の2020年にはいったいいくらになっていると思いますか？

正解は約２０００万円。

２０１２年１月の為替レートは１ドル77円くらいなので、当時７７００円分ほど買っていたら、今頃は小さなマンションを買えるくらいの金額になっていたのです。

「ドラえもん」とか「バック・トゥ・ザ・フューチャー」に登場するタイムマシンがあったら、過去に戻ってありったけのお金をつぎ込むのに……私も含め、そんな風に考える人は少なくないと思います。

ただ、残念ながら、タイムマシンは今のところ存在しないので、できることはただ一つ。過去の出来事から学んで、先行者利益を活かすことです。

これまで解説してきたとおり、入札には経験を積み、人脈を築くほど、落札しやすくなり、大きな利益を上げやすくなる、という特徴があります。

先に始めた方が後から入ってくる人よりも圧倒的に有利なのです。

■今後も拡大！　成長が予想される巨大市場

官公庁入札の市場規模は数兆円といわれます。

なんだかものすごい数字ですが、大きすぎてどのくらいすごいのかわかりにくいので、他の産業と比較してみましょう。

例えば、日本経済の屋台骨を支える産業、と言われる自動車業界の売り上げは70兆円くらい（2018～2019年度）です。

直接・間接的に関わってお仕事をしている人は国内で働いている人の8％にもおよぶ、と言われています。

国内の就業人口は6700万人程度なので、536万人もの人たちの暮らしを支えていることになります。

入札の市場規模はそんな巨大産業の1割ほどもあるのです。

入札にはさらに、景気の影響を受けない成長産業であるという強みがあります。

新型コロナウイルスの影響を受け、国内外の経済には大きなダメージが発生しています。

企業の設備投資が減るなど、経済が停滞する状況が今後も長く続くだろう、と覚悟しておかねばなりません。

そんな中、影響を受けにくいのが官公庁の入札案件です。発注の原資になる税収はある程度落ち込むと思われますが、それでも国が発注を削減することはないでしょう。

詳しくは後で解説しますが、落ち込んだ経済を活性化するためには市場にお金を供給することが不可欠です。

一昔前までなら、大規模な建設系の公共工事を実施していましたが、それでは元請けである親会社ばかりが儲けることになる、という問題が指摘されるようになりました。

そこで、官公庁入札案件――特に個人事業主や中小企業が参加しやすい「規模の小さな案件」を増やす方向に政府も舵を切り直しています。

コロナ不況の中でも――いえ、コロナ不況だからこそ、官公庁入札には大きな予算がつぎ込まれ、案件数はさらに増える、と考えられます。

■いろいろな発注元から多種多様、大量の発注がある

それでは、数兆円の入札市場には、どのくらいの案件数があるのでしょう？　月ごとの案件数を数えてみたところ、官公庁の入札案件だけで、毎日数万件が募集中になっていることがわかっています。

もちろん、新たな案件が追加されたり、募集が締め切りになったりするので増減はありますが、平均するとそのくらいの案件数が常に公示されています。

つまり、「来期は本業が暇だから、穴埋めになりそうな案件はないかな？」と探すとしたら、数万件の中から選べるのです。

これは日本最大の発注規模です。

発注元も多様です。文部科学省や厚生労働省、国土交通省といった誰もが知っているお役所に加え、自衛隊や警察庁、ほとんどの人が名前を聞いたこともないような独立行政法人や特殊法人など、全省庁統一資格で入札に参加できる機関だけで、4000種以上もあります。

それだけの数があるので、業務の種類も多様です。「豚肉の納入」「庁舎内売店の経営」「文

＜図２＞

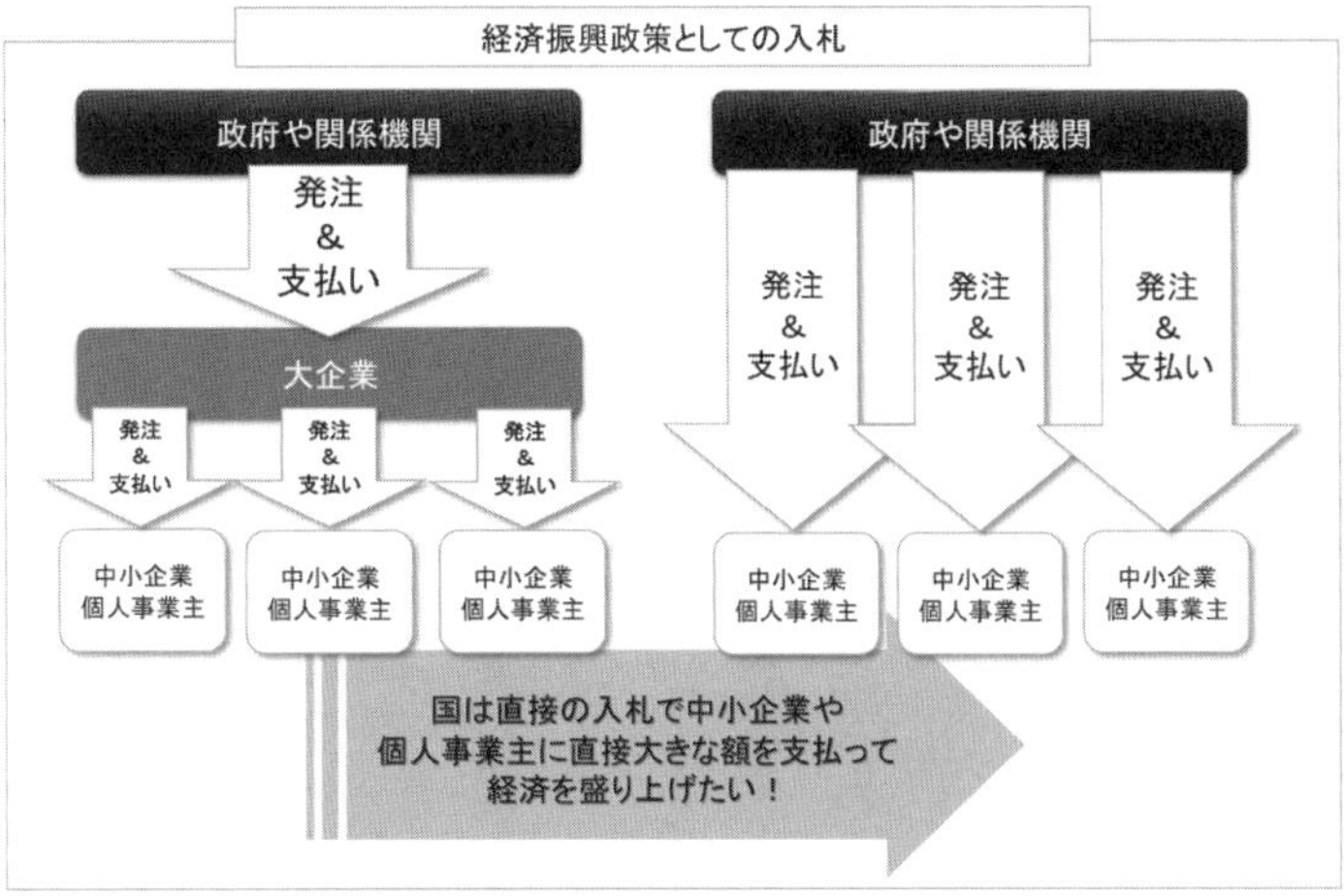

房具の納品」「トイレットペーパーなど消耗品の納品」等々、とにかくあらゆる職業に関係する業務がある、と言えそうです。

民間でそこまで多様な発注をする企業はないでしょう。万単位の従業員を抱える自動車会社でも、基本的には車を作るだけなので、発注する業務の種類には限界があります。

中には「社員用宿泊施設の管理」といった本業とは関係が薄い仕事もありますが、多様性や種類の多さでは、国が開催している入札にはとてもおよばないでしょう。

このように、多様な案件があるので、読者の方が得意とする分野のものも必ず見つかるはずです。

初心者の方でもやれそうな案件がいくつも見つかるため、いつでも誰でも参加できることは入札の非常に大きなメリットです。

■コロナ禍でさらに強化！ 中小企業が落札しやすいよう政府が後押ししてくれる

入札といえば大企業のもの――そう考えている人がまだまだたくさんいますが、再三説明してきたとおり、これは大間違いです。

政府は国が発注する仕事をできるだけ中小企業が落札してほしい、と願っています。国の経済を活性化するためには中小企業が経済的に潤うことが必須だからです。

先進諸国の中でも、日本の経済界には中小企業の比率が高いという特徴があります。中小企業が占める割合は企業全体の99％におよび、働く人の70％は中小企業で雇用されています。

ですから、中小企業にお金が行き渡らないと、働く人の大半が豊かになれません。お金が流通しないので、国の経済は活性化しないのです。

中小企業を盛り上げる目的で、国は古くから入札を利用してきました。

１９６６年には「官公需についての中小企業者の受注の確保に関する法律」が施行されています。「国等が物品の買い入れなどの契約を結ぶ際、中小企業が受注できるよう機会を確保することで、中小企業の発展を促進する」という内容が定められており、半世紀以上前から国が、中小企業に直接業務を発注しようとしていたことがうかがえます。

そういった方針は今でももちろん受け継がれています。内閣府は毎年「内閣及び内閣府の中小企業者に関する契約の方針」を発表していますが、令和2年版では新型コロナウイルスの影響を抑えるためにはこれまで以上に中小企業などの受注機会を増やす、という方針が示されました。

その中で例年と同じく示されているのが、「国が発注する予算のうち、中小企業・小規模事業者向けの契約が前年度までの額を上回るよう努力する」という目標です。

具体的な数字も盛り込まれていて、平成28年度から国全体として目指してきた55・1％を大幅に上回る60％、金額にして4・7兆円あまりを中小企業・小規模事業者の契約にあてる、としています。

大企業の傘下にある中小企業は「みなし大企業」として、受注を促進する対象にはしないこともはっきり書かれており、国の本気度がうかがえます。

入札を盛り上げるためには新規の参加も大切です。2017年度以降に新規参加した中小企業は平均すると全体の1・27％程度ですが、政府はこの割合を3％程度に引き上げることを目指しています。

大まかにまとめると、国は中小企業や個人事業主にもっと入札に参加してほしいのです。そのために国がやっているのが、業務の細分化です。

仕事を誰かに依頼する時には、派生する業務もまとめて、発注したくなるものです。つながりがある業務をバラバラに発注すると、現場で混乱が起きかねませんし、発注する側も手間がかかるからです。

ところが、国は「明らかに大企業でないと無理」という案件以外はなるべく中小企業・小規模事業者が受注できるよう配慮すべし、との方針を示しています。

そのためには「契約の履行がよほど心配な時以外は過去の実績や専門的な技術・資格になるべくこだわらない」「随意契約を結ぶ場合には、可能ならなるべく新規の中小企業者を見積先に含める」といった配慮をするよう、関係機関に求めているのです。

まさに至れり尽くせり――民間ではあり得ない好環境を国が整えてくれているのです。

■透明性が高いので無駄な活動をする必要がない

入札なんて出来レースだろう、と言う人がまだまだ少なくありませんが、実は民間企業の発注こそ非常に不透明で不公平です。

「営業マンが部長と仲良しだから」「担当者が課長のゴルフ仲間、飲み仲間だから」等という理由で発注先が決まることは珍しくありません。

裏金をもらって発注先を決めている、というのであれば問題になりますが、なあなあでなんとなく決めるのはダメ、とはっきり規定する法律はないので、不公平で不透明な発注が許されているのです。

仕事がほしい事業者は民間企業に対していろいろなアプローチを行います。

一生懸命企画を立てたり、詳しい資料を作ってプレゼンを頑張ってみたり、といった活動に精を出しますが、「課長とゴルフに行った営業マン」に取られてしまうと、そういった活動はすべて無駄になります。

発注が不透明で不公正な民間企業を相手にする時には、そういった無駄が発生します。選考の理由は外には漏れにくいので、プレゼンをした担当者は発注をもらえなかった理由がわかりません。

そのため、「次は頑張ろう」とさらに無駄を重ねてしまうことがあります。

一方、官公庁は民間のようないい加減なやり方で、発注先を決めることができません。「会計法」や「地方自治法」で「公平な発注ができるよう一般競争入札で発注先を決めなさい」と定められているためです。

ですから、入札で仕事をもらうために余計な活動をする必要がありません。落札するのに必要なのは、仕様書をしっかり読み込んでコストを計算し、他の参加者よりも低い金額を入れることだけです。

最初から取れもしない仕事のために企画を立てたりプレゼン資料を作ったりする必要がないので、効率的に仕事を進められます。

■落札すれば、発注と支払いが確実

入札に参加して、案件を落札できたら、すぐに契約を結ぶことになります。

ややこしい値引き交渉や「ついでにあの仕事もしてくれないかな？」といった交渉はありません。落札した金額で仕様書どおりの仕事をするよう、すぐに発注があり、契約を結ぶことになります。

民間であれば、仕事の依頼を受けてから契約までの間に、あれこれ交渉があって、支払いや仕事の量が大幅に変わってしまうことも珍しくありません。

「必要な仕事の内容や量が変わったから、支払い額や支払い期日を変えてほしい」

「いろいろ準備してもらったけど、依頼した仕事が不要になったので、キャンセルしたい」

「アフターサービスを無料でつけてほしい」

仕事先からこんな要求をされたことがある個人事業主や中小企業の経営者は多いのではないでしょうか?

美味しい仕事だったはずが、ふたを開けたらしんどくて支払いが少ない仕事だった、ということが民間の仕事では珍しくありません。

入札の仕事にそんな問題は起きません。

詳しくは後の章で解説しますが、入札から落札、契約、業務の完了、確認、支払いという一連の流れはとてもスムーズです。

途中で止まることはほとんどないので、落札・契約して業務を完了できたら、期日には確実に振り込みがある、と思って間違いありません。

業務が完了して請求書が送られてきたら30日以内に支払わなければならない、というルールが定められているので、支払いが遅れることはないのです。

事業をやっていればわかると思いますが、これはとてもありがたいことです。特に、本業の関連する業界が不況になると、下請け企業にしわ寄せがきて、支払いが不確実になることがあるので、副業で入札案件をこなしているとリスクをカバーすることができます。

Column 1

「中小企業はつぶせ！」という時代に、あなたは何を選択しますか？

ある国の経済競争力を示す指標の1つに「労働生産性」というのがあります。時間当たり、どれだけの価値を生み出せているか、ということを示すもので、「どのくらい効率よく仕事をしているか」を計る指標です。

真面目に頑張るのが取り柄と言われる日本人ですが、実はこの労働生産性は高くありません。OECD（経済協力開発機構）に加盟している36カ国中、21位というのが日本の成績です。

頑張って働いている人が多いのに、なぜ、成績がふるわないのでしょう？

その原因は会社の規模にある、と言われています。日本は中小企業がたくさんあるので仕事の効率が悪い、というのが定説となっているのです。「韓国や中国から猛烈に追い上げられている中、そんな弱点を放置しておけない！」

というわけで、菅政権では中小企業のM＆Aを進める政策が次々に導入されそうです。内閣府の成長戦略会議でも、M＆Aによる事業再編・統合により、労働生産性をアップすることが大きな課題として取り上げられています。

「仕事の効率が悪い中小企業は潰してしまえ」というのが菅政権の方針なのです。

国が決めたことですから、今後は多くの中小企業にとって逆風が吹くはずです。逆風の中で生き残る会社しか要らない、というのが政府の本音でしょう。

ただでさえ、新型コロナウイルスのせいで、国内経済は縮こまっています。座していてはつぶされるのを待つのみ、という状況で経営者は何をすべきでしょう？

既存事業の売り上げが下がってきたので「別の事業」を模索する、という人は少なくありません。もちろん、成功する人もいますが、多くの場合、あまりうまくはいかないと思われます。

ニーズがある事業にはすでに先行している企業があります。後から参入した会社が実績や経験がある企業との競争に勝つのは簡単ではありません。十分な勝算があれば別ですが、「民」の事業が厳しいことは多くの経営者が体感しているはずです。

そんな中、救いの神になってくれるのが「官」――すなわち、入札です。

少し矛盾していますが、労働生産性の悪い中小企業をどんどん淘汰しようとする一方で、国は中小企業や個人事業主が入札にもっと参加するよう促す取り組みを進めています。

つまり、そちらにうまくシフトできれば、国の施策で潰されてしまうことなく、生き残ることができるのです。

第3章

今すぐやってみよう！
入札案件の見つけ方から落札まで

■紙入札と電子入札　入札のやり方には2つの種類がある

入札には紙の書類を使う「紙入札」と、インターネット上で情報のやり取りや入札をする「電子入札」という2つのやり方があります。

今でも官公庁の入札は紙入札が主ですが、電子入札への移行が少しずつ進められているので、ここでは2つのやり方について少し詳しく解説します。

【紙入札】

古くから行われてきたやり方です。電子入札が導入されるまで、入札と言えば紙入札でした。今でも、官公庁ではこの紙入札が一般的です。

名前のとおり、紙の書類を使って参加申請や入札書の提出を行います。

入札書の提出方法には郵便や持参がありますが、どちらでもいい案件とどちらか一つに定められている案件があるので、確認する必要があります。いずれにしろ、入札書の提出には期限があるので、郵送の場合には期限内に届くよう、余裕を持って発送しなければなりません。

私は忙しいこともあり、最近ではほとんどの場合、郵送で入札しています。

持参するのは少し面倒と感じるかもしれませんが、メリットもいくつかあります。もともといちばんのメリットは再入札に参加できることだと言われていました。入札された金額が発注者側の予定を大きく上回っていた場合などは入札が成立しません。その場合、再入札がすぐに行われるのですが、以前は開札の場にいる入札者しか再入札には参加できなかったのです。

ところが最近では郵送でも「再入札用の封筒」をあらかじめ同封して送るよう、求められるケースがあります。その場合には開札の場にいなくても、再入札に参加できます。

ですから、私が考える紙入札における最大のメリットは「直前で金額を変えられること」です。

私が経験した中には入札に行ってみたら、競合する人が他に誰もいなかった、というケースがあります。札を入れる箱は通常、不正がないことを示すため、直前までふたが開けられています。ふたを閉めてから、郵送で届いた札を入れることもありますが、その時は事前に入れるやり方だったので、入札の参加者が私だけであることがわかりました。

競合がいないのだから、と高めの価格を入れましたが、思惑通り落札できました。

他にもリフォームなどの案件で、入札会場に行ってみたら、地元の工務店らしき人がたくさんいた、というケースがありました。工務店の人はたいてい、胸元に会社名が入った作業着を着ているので、社名をインターネットで調べると、どういう会社の人かすぐにわかります。

地元の工務店は自社で作業をするので、それほど大きなマージンを載せてきません。入札価格はかなり低めになるな、と判断できます。

一方、同じような案件で、スーツを着た人がたくさんいたら、「大手の建設会社が来ている」と判断できます。彼らはかなり大きなマージンを載せて入札するので、高めの価格を入れても落札できるかもしれません。

さらにもう一つ、入札書の持参には「担当者と顔見知りになれる」というメリットもあります。顔を覚えてもらえたら、「次はこんな案件があるけど、どうでしょう？」といった案内をしてくれることが少なくありません。官公庁は入札の参加者を増やしたいので、積極的に声をかけてくれることがよくあるのです。

このように、札を持参するやり方には、落札につながるメリットがいろいろとあるので、「これは落札したい！」と思う案件については、実際に足を運ぶのがお勧めです。

【電子入札】

インターネット上で情報のやり取りをする入札のやり方です。ホームページ上で情報を入力し、金額を打ち込みます。

用意されているフォーマットに情報を打ち込んで、送信ボタンを押すだけなので、紙入札に比べて、参加に要する手間や費用を大きく削減できます。

２００１年から導入が始まり、地方自治体では導入が進んでいますが、官公庁の入札ではまだあまり普及していません。地方自治体は各課の業務を一括管理できる一方、縦割りがひどい官公庁はそれぞれがシステムを構築する必要があるため導入が普及しにくいのです。

詳しくは後で解説しますが、電子入札を利用するためには、パソコン環境の整備や登録カードの作成といった準備が必要です。

■案件探しから落札までの大まかな流れを確認しておこう

この章では初心者の方が案件探しから落札して仕事を完了するまでの各ステップについて、詳しく解説していきます。

そこでまず、それぞれの説明を理解しやすいよう、大まかな流れをご紹介します。

①案件探し

自分がやってみたい案件、できそうな案件を探します。ポータルサイト等を使ってネット上で情報を探します。

②入札説明会

開催される場合とされない場合があります。案件の内容についての説明があり、質疑応答ができるので、疑問を解消できます。

③入札説明書の入手・仕様書の読み込み

入札に参加するのに必要な入札説明書を発注者から入手します。説明会が開かれる場合は参加すると入手できます。入札説明書に含まれる仕様書には案件の内容が事細かに書いてあるので、丁寧に読み込んで業務の内容を理解します。

わからないことがある時には電話やメールで質問をすることができます。

④入札に必要な書類や環境を準備する

入札に参加する際に提出しなければならない書類を準備します。案件によって違うので、毎回、確認する必要があります。

入札書以外の書類は先に送付します。

⑤入札（入札書の提出）

必要事項と金額を書き込んだ入札書を提出します。他に提出しなければならない書類がある場合はそれらも一緒に出します。

⑥開札と落札者の決定

入札が締め切られた後、担当者による開札が行われます。落札できた場合はその場で落札者が読み上げられます。郵便や電子入札の場合は電話などで結果が通知されます。

落札者がいなかった不調の場合なども通知があります。

⑦契約

落札できた場合には発注者と契約を結びます。契約内容は仕様書が基本となります。

⑧業務開始

契約を締結後、業務を開始します。納期や作業期間などが定められている場合には超過しないよう、注意が必要です。納期や工期はたいてい余裕を持って設定されています。

⑨完了と確認検査

業務が終了したら、発注者による検収があります。問題が見つかったら修正作業を行ってから、再度、確認検査を受け、合格したら業務完了です。

⑩支払い

業務に対する支払いがあります。請求書を送ってから30日以内に振り込まれます。

■①案件探し――インターネットを使いこなして入札案件を探してみよう

入札案件はかならず公示されています。

公示というのは、行政機関等がある事柄を広く市民に知らせる行為のことです。いろいろなやり方がありますが、最近では公式ホームページを使うのが一般的です。

つまり、各官公庁など「入札を開催している機関」のホームページをみれば、必ず入札公告（公示書）が載っています。

たとえば、自衛隊なら**「ホーム」**→**「調達情報」**→**「公告・公示・公募」**で入札情報を見ることができます。農林水産省なら**「ホーム」**→**「申請・お問い合わせ」**→**「調達情報・公表事項」**で、たどっていくと、入札情報が示されているページにたどり着きます。

他の機関もだいたい同じです。見つけるのが難しい場合にはＧｏｏｇｌｅなどの検索サイトに「官公庁の名前」と「入札」という言葉を入力して、検索してみてください。

ほとんどの機関が載せている入札情報にたどり着けるはずです。

ただ、そういったやり方で探すのにはかなりの手間がかかります。全国に約４０００以上ある発注元のホームページをひんぱんに巡回するのは不可能でしょう。

そこでお勧めなのが入札情報を集めて掲載している「ポータルサイト」の利用です。

ポータルサイトはいくつかあり、それぞれ、掲載している情報の数や使い方、利用料などが異なります。

無料である程度まで情報を検索できるサイトもありますが、入札を本格的に手がけたい人は有料サービスの利用をお勧めします。

例えば、私の会社が提携している「データウェア・ネット」というサイトなら、常に最新の情報を掲載しているだけでなく、いろいろな条件で案件を検索できます。

中でも、案件探しでいちばん役立つのは「キーワード検索」です。入力した言葉に関係する入札案件を表示してくれるので、それぞれの人が必要としている案件の情報が高い精度で出てきます。

Ｇｏｏｇｌｅなどの検索サイトと同じで、キーワードは自由に設定できますから、どういう言葉で探すとほしい案件情報が表示されるのか、最初は試行錯誤をくり返す必要があります。

ただ、そうやってトライを続ける中で、自分のニーズにピッタリ合う案件を必ず見つけられるようになります。

検索でたくさんの案件が表示されたら、最新のものから見ていくのがセオリーです。古い案件はすでに募集が終わっていたり、入札の期限までの日数が短く、見積もりをとったり書類の準備をするだけの時間が足りないかもしれないからです。

もちろん、魅力的な案件が見つかったら、多少無理をしてでも、準備を進める価値はありますが、基本的には入札期限まで時間的な余裕がある案件を選んだ方が、しっかり調べたり準備をしたりしながら入札にのぞむことができます。

《ワンポイント！／公告を見逃さない》

先ほど解説したとおり、入札の情報は必ず公示されます。

ですから、入札公告（公示書）を見逃さないことが入札に参加する上ではとても大切です。

ただし、入札の情報が公示される期間は意外に短く、関連法規では「最短10日前」と定められています。

そのため、気づくのが少し遅いと、入札に間に合わないこともあり得ます。通常は1カ月程度募集されています。

興味のある案件の入札公告の見逃しを防ぐためにはどうすればいいのか――基本的には次の2つの工夫がカギになります。

①ポータルサイトや官公庁のHPなどを小まめにチェックする

入札情報を載せているポータルサイトや気になる官公庁のHPは小まめにチェックしましょう。新しい情報を積極的に探す習慣を身につけると、公告の見逃しを防げます。

②「発注見通し」をチェックしておく

1年間に行われる発注の予定は4月に「発注見通し」として公表されます。これをチェックして、スケジュール帳などに入れておけば、「そろそろあの入札の公告があるはず」と気づくことができます。

どちらの方法を選ぶにしても、常に大量の情報をチェックし続けるのはたいへんです。ポータルサイトを利用すると、案件探しの労力を大きく省けます。

■ドンピシャ案件が見つかる！　自分なりの検索ワードを工夫しよう

得意な案件は人によって違います。

本業や職歴、人脈などによって、詳しい知識がある業種や仕事を依頼できる知人や友人が多い業界が異なるからです。

自分が得意な案件なら、価格を抑えて効率的に作業したり物品を納入したりできるので、入札金額を落札しやすいレベルに設定しても、十分な利益を得ることができます。

ただし、自分にとって有利な案件をドンピシャで見つけるのは簡単ではありません。入札情報のポータルサイトで探すのがお勧めですが、その際に役立つのが「自分用の検索ワード」です。

例えば、高所作業をしている友人がいる場合、「高い建物の窓清掃」といった案件なら、有利な条件で落札できそうです。

高所作業車を持っていたり、クライミングが趣味だったりする人なら、高所の窓拭きも価格を抑えて簡単にこなせるかもしれません。

競合もそれほど多くないので、それなりに大きめの利益を載せても落札できる可能性が高いでしょう。

ところがそう思って「窓拭き」というキーワードで検索をかけても、案件はほとんど出てきません。官公庁では掃除のことを「清掃」というのが一般的だからです。

「窓　掃除」ではなく、「窓　清掃　高所」といった用語で検索すると、庁舎など施設の高所での案件だけが表示されやすくなります。

ちなみに、他にも「メンテナンス」のことを「保守管理」というなど、入札独特の言葉がいくつかあります。こういった官公庁用語を理解することも案件探しでは重要です。

ドンピシャの案件を見つけやすい検索ワードとはすぐにはなかなか出会えません。案件数を絞れる言葉を選べば、手がけてみたかった案件を見逃すかも知れませんし、たくさんヒットする言葉を選べば、一つ一つ確認するのが面倒です。

ちょうどいい検索ワードは人によって違うので、試行錯誤をくり返しながら探してみてください。

■入札情報の見方──「5W1H」を確認しよう

お仕事に必要な情報を漏れなく把握するためには「5W1H」の確認が便利です。

WHO：誰が
WHEN：いつ
WHERE：どこで
WHAT：なにを
WHY：なぜ
HOW：どうやって

この5つのWと1つのHを意識して情報を読むと、必要なことをきちんと把握できます。

入札を探す際も同じです。

「これはちょっとよさそうだ」と感じる案件の情報を、ポータルサイトや官公庁のホームページなどで見つけたら、詳細を読み解いてさらに詳しい情報を集めるべきか、判断します。入札説明会への参加や仕様書を含む入札説明書の取り寄せといった手間をかけるべきか、検索で見つけた案件の情報から判断するのです。

その際、5W1Hを意識していると、判断に迷ったり間違えたりすることが少なくなります。

入札情報における5W1Hとは次のようなものです。

【WHO：誰が】

作業や物品を調達するために入札を開催するのは誰（どんな機関なのか）という情報です。ポータルサイトでは「**調達機関**」という欄に掲載されており、「環境省」「国立がんセンター」など、発注元の名前が書かれています。

【WHEN：いつ】

入札の締め切り日や作業・物品の納品期限に関する情報です。入札の締め切り日まで、日数がない時には必要な情報の収集や提出すべき書類の準備などが間に合わないことがあるので、注意が必要です。

納品期限についても、契約からどれくらいの時間的余裕があるか、自身のリソースや社内のマンパワーなどに照らして考えておかないと、落札した後で大きな負担が発生します。

詳しくは公示情報に掲載されています。

【WHERE：どこで】

発注機関の所在地情報や作業・納品を行う場所の情報です。ポータルサイトでは「所在地」として発注機関がある場所が掲載されています。作業や納品場所などの詳しい情報は公示で確認してください。

【WHAT：なにを】

発注機関が調達しようとしているものは何なのか、という情報です。ポータルサイトでは**「調達案件名称」**などを見ることでわかります。

例えば、「トイレットペーパー30，000個購入」「令和2年度 河川関係事業資料整理作業」というような名前の案件を見たら、何を提供しなければならない案件かわかります。

自身の人脈に照らして、「紙製品を扱っている知り合いがいる！」「入力業務ならできそう」などと思えたら、さらに詳しい情報をチェックする段階に進みます。

また、案件名に「平成○年度」という言葉がついているものに関しては「過去にも何度か同じ案件を入札に出したのだろう」と考えることができます。

そういう案件については過去、どんな会社がいくらで落札したのか、確認できれば、入札金額を考える際のヒントになります。

「データウェア・ネット」には入札案件を検索するだけでなく、過去の入札情報を確認できる機能もあります。それを利用すれば、いくらくらいなら落札できるか、判断しやすくなります。

【ＷＨＹ：なぜ】

調達が発生した理由や原因に関する情報です。何の目的で作業や物品を必要としているのかがわかれば、仕様の詳細を想定しやすくなります。

例えば、台風などの災害が原因で施設の清掃を発注している、といったことがわかれば、緊急性の高さが理解できますし、作業の内容もある程度想像できます。

【ＨＯＷ：どうやって】

入札のやり方についての情報です。一般競争入札なのか、オープンカウンターや企画競争入札なのか、紙入札か電子入札か、といったやり方を知ることで、落札の難易度や競合との競争がどういったものになるのか、といったことを推測できます。

詳しくはもう少し後の項で解説します。

②入札説明会——案件の詳細を聞いて質疑応答で疑問を解消する

入札説明会は開催される場合とされない場合があります。開催される場合には説明会への参加が必須とされている案件や、事前に適合証明書（入札に参加する条件を満たしていることを証明する書類）を提出するよう求められる案件などがあるので、発注元のＨＰ等で確認しましょう。

ただ、説明会への参加を義務づけると、入札者が減ってしまうので、説明会への参加をマストにしているケースはかなり少なめです。

実際、私は説明会に参加することはほとんどありません。

説明会が開かれる日時や場所についてはＨＰ等で公示されています。

当日は少し時間にゆとりを持って指定されている場所に向かいましょう。

会場では受付で手続きを行います。その際に身分証明書の提示を求められることがありますから、運転免許証などを持っていくとよいでしょう。

説明会では入札説明書が配布され、担当の人が仕様書に基づいて説明をします。説明の後には質疑応答の時間が設けられているので、案件の内容や説明された事柄について疑問がある人は質問をすることができます。

参加する場合は、せっかく交通費と時間をかけるのですから、わかりにくいことや疑問な点については遠慮なくどんどん質問しましょう。

所要時間は30分~1時間程度という説明会が多いようです。

電子入札の普及で、説明会を開くケースが減っていますが、コロナ禍もあり、今後は開催する案件がさらに減少すると思われます。

■③入札説明書の入手

入札に参加するためには案件の詳細を知った上で、必要な情報を発注者に提供したり、参加に当たってトラブルが起きないよう、いくつかの書類を交わしたりします。

そういった情報の取得や手続きに必要な書類がワンセットになっているのが「**入札説明書**」です。

《入札説明書に含まれている書類》

【入札書】

必要事項や入札金額を書き込む書類です。入札年月日、入札者の住所、会社名、役職名、氏名などを記入した上で、ハンコを押して提出します。

【入札心得】

入札に参加する際の注意事項が書かれている書類です。入札に参加する人が提出しなければならない書類や入札金額の書き方、電子入札の方法など細かな注意事項が記載されています。

【委任状】

会社の代表者以外が手続きなどを行う場合に必要な書類です。営業担当者が入札の手続きを行う場合や、個人事業主が行政書士等に代行を依頼する場合には必須です。

【仕様書】

発注される案件の詳細が記載されている書類です。

【誓約書】

入札に参加するにあたって、発注者が求める条件に合意することを誓約する書類です。

【契約書案】

落札できた場合に発注者と交わす契約書の案です。入札に参加する人は契約内容についてあらかじめ承知しているものと見なされます。

■すべてがそこにある！　仕様書の読み方

入札説明書の中で、一番大切なのはなんと言っても**仕様書**です。

入札に参加する人がいちばん知りたいのは、「どんな案件なのか」ということだからです。

請け負う作業や納入する物品について、詳しいことがわからなければ、入札金額を決められません。

数量や品質、期限などを正しく理解できなければ、入札価格が高すぎたり低すぎたりといった問題が発生してしまいます。

高すぎれば落札できませんし、低すぎたら赤字になってしまいます。

ですから、入札金額を決める前には、発注側の担当者と同じくらい詳しく、案件について理解しておく必要があります。

仕様書には発注される案件について、非常に詳しい情報が記載されています。件名や業務の場所、期間や期日、提供すべき業務や物品の内容、品質、サイズ、数量、業務の実行中や業務完了後に提出しなければならない書類など、しっかり読めば、案件のすべてがわかるように作られているのです。

仕様書を読み込む時には、業務を請け負った場合にどんな作業が必要か、細かくリストアップすることが大切です。

その上で、自分でやるとしたら、あるいは外注するとしたら、どのくらいのコストがかかるか、しっかり計算してみてください。

現場まで何人で何度足を運ぶか、といった想定も必要です。私も経験がありますが、作業現場が遠方だと、交通費が大きな負担になることがあるためです。

人を雇う場合には、人件費についてのシミュレーションが必要です。納期が短い案件だと、誰かが体調不良などで欠けると、契約どおりに完了できないケースも考えられます。急いで穴埋めするためには、余計な費用がかかるかもしれません。


大きな金額を書けば、その分、さまざまな問題に対応しやすくなるので安心ですが、競合との競争に勝って落札できる可能性が小さくなります。

確実に利益を確保しつつ、競合より低い価格をつけるのは簡単ではありません。

経験を積むことで、だんだんわかってきますが、そのためにも毎回しっかり仕様書を読み込んで、費用を細かくリストアップする練習をすることが大切です。

■入札の参加に必要な条件を確認しておこう

入札に参加するのに必要な資格は案件ごとに違います。誰でも参加できる案件もたくさんありますが、細かな参加条件が設定されていて、それを満たす企業や人しか参加できないものもあります。

よくある参加条件は次の３つです。

【全省庁統一資格の等級（ランク）】

詳しくは後で解説しますが、官公庁の入札に参加するために必要な全省庁統一資格にはＡ～Ｄの等級があります。売り上げや財務状況、活動年数などにより、会社をランク分けするものです。

案件ごとに参加できるランクが定められていて、「Ｄランクだけ」「Ａランクだけ」「Ｃおよび Ｄ」など、参加できる企業のランクが設定されていることがあります。「Ｄランクだけ」という条件が付いている案件に他のランクの企業は参加できません。

中小企業の大半はDランクなので、中小企業の振興を図りたい政府はDランク向けの案件をどんどん増やしています。

【業務の実績】

専門的なスキル等が要求される案件では、「同じような仕事をしたことがあるか」という実績を問われることがあります。求められている仕事の実績があればいいのですが、そうでない場合には参加を見合わせることになります。

【ISO等の認証】

安全を守りながら適正な業務を行えることを示す認証を条件付けられることがあります。対象となるのはISO認定やプライバシーマークの取得などです。

資格をほとんど問わない案件もたくさんありますが、参加資格を設けている案件ではせっかく見積もりを立てて入札書を書いたとしても、必要な条件を満たしていなければ、入札に参加できません。

ですから、どんな条件を満たす必要があるのか、入札公告や仕様書をよく読んで、最初に確認しましょう。

■全省庁統一資格の「ランク制度」について理解しておこう

前述のとおり、全省庁統一資格にはA～Dという4段階の等級が設けられています。

発注する側にとって、落札した事業者が業務をしっかり完了できるかどうかは大きな関心事です。また、大企業ばかりが落札するようだと、経済対策としての効果が小さくなってしまいます。

そこで、あらかじめ入札に参加する会社をランク分けして、案件ごとに参加資格を調節しているのです。

ランク分けの基準になるのは次の5つの指標です。

＜図表３＞

流動比率	製造	販売・役務・買受
140%以上	10	10
120%以上140%未満	8	8
100%以上120%未満	6	6
100%未満	4	4

営業年数	製造	販売・役務・買受
20年以上	5	10
10年以上20年未満	4	8
10年未満	3	6

機械設備等の額（「物品の製造」のみ）	製造
10億円以上	15
1億円以上10億円未満	12
5000万円以上1億円未満	9
1000万円以上5000万円未満	6
1000万円未満	3

年間平均（生産・販売・売上）高	製造	販売・役務・買受
200億円以上	60	65
100億円以上200億円未満	55	60
50億円以上100億円未満	50	55
25億円以上50億円未満	45	50
10億円以上25億円未満	40	45
5億円以上10億円未満	35	40
2.5億円以上5億円未満	30	35
1億円以上2.5億円未満	25	30
5000万円以上1億円未満	20	25
2500万円以上5000万円未満	15	20
2500万円未満	10	15

自己資本額の合計	製造	販売・役務・買受
10億円以上	10	15
1億円以上10億円未満	8	12
1000万円以上1億円未満	6	9
100万円以上1000万円未満	4	6
100万円未満	2	3

①年間平均（生産・販売・売）高
②自己資本額の合計
③流動比率
④営業年数
⑤機械設備等の額（「物品の製造」のみ）

指標ごとに、ボリュームによって点数が付与され、その合計点で等級が決まります。
詳しくは図表３で確認してください。

ここで、気をつけてほしいのですが、ランクが低いからといって悲観することはありません。私が教えた人のほとんどはＤランクからスタートしています。
ある程度の規模で事業を営んでいれば別

資格の種別：物品の製造	
点数	ランク
90点以上	A
80点以上90点未満	B
55点以上80点未満	C
55点未満	D

資格の種別：販売・役務	
点数	ランク
90点以上	A
80点以上90点未満	B
55点以上80点未満	C
55点未満	D

資格の種別：買受	
点数	ランク
70点以上	A
50点以上70点未満	B
50点未満	C

ですが、脱サラして始める方などは皆様Dランクからのスタートになります。

Aランクともなれば、超一流の大企業です。そうなれば、大規模な公共工事や国家的なプロジェクトなども受注できますが、入札で稼ぐのが目的なら、Aランクになる必要はありません。

むしろ、Dランクのままでいる方が有利です。というのも、国は中小企業が参加できる案件を増やそうとしており、Aランクの企業に対しては、参加できる案件を大規模な案件に限定する傾向が見られるからです。

Dランクの事業者は官公庁入札案件全体の半分以上に参加できますが、Aランクの企業はごく少数の大規模プロジェクトにしか参加できません。

ですから私は「あえてDランクのままでいましょう」とスクールの受講生に教えています。

■④入札の参加に必要な書類や環境を準備する

仕様書を確認して、いよいよ入札に参加することを決めたら、必要な書類を準備します。案件によって提出しなければならない書類は異なりますが、中には取り寄せるのに少し時間や手間がかかるものもあるので、早めに確認しておくのがお勧めです。

【入札参加に必要になることがある書類】

詳しくは左記の統一資格審査申請・調達情報検索サイトでも確認できます。

https://www.chotatujoho.go.jp/va/com/pdf/tempshorui-ichiran.pdf

◆個人新規開業の場合の必要書類

・納税証明書その3の2

◆個人青色申告開業後1年未満

・納税証明書その3の2

◆個人青色申告開業後1年以上2年未満
・納税証明書その3の2
・損益計算書　直近1年分
・貸借対照表　直近1年分

◆個人青色申告開業後2年以上
・納税証明書その3の2
・損益計算書　直近2年分
・貸借対照表　直近1年分

◆個人白色申告開業後1年未満
・納税証明書その3の2
・開業届

◆個人白色申告開業後1年以上2年未満
・納税証明書その3の2
・確定申告書　直近1年分

◆個人白色申告開業後2年以上
・納税証明書その3の2
・確定申告書　直近2年分

◆法人設立1年未満
・納税証明書その3の3
・登記事項証明書
※新規設立の法人は財務諸表がないので納税証明書だけでOK

◆法人設立1年以上2年未満
・納税証明書その3の3

・登記事項証明書
・損益計算書　直近1年分
・貸借対照表　直近1年分

◆法人設立2年以上
・納税証明書その3の3
・登記事項証明書
・損益計算書　直近2年分
・貸借対照表　直近1年分

◆官公庁が用意している申請書類

⑤入札——金額を提示して落札を祈る

いよいよ入札ですが、もっとも重要で難しいのは入札価格の決め方でしょう。

一度提出してしまった入札価格は後で変えることができないので、慎重に考えを重ねて、決める必要があります。

発注元に提供する業務や物品の対価として受け取るお金なので、基本的には3つの金額の合計になります。

①業務の完了までに要する経費／交通費、通信費、資材購入費などです。
②業者への支払い／業務への協力を専門の業者に依頼する場合、請け負ってくれる事業者に支払う費用です。入札のタイミングまでになるべく詳細な金額を知りたいので、入札に参加することを決めたら、早めに見積もりを依頼しましょう。
③利益／業務をこなすことで手元に残るお金です。

このうち、①に関しては、細かいいろいろな項目を洗い出すことで、なるべくリアルな数字を算出することが大切です。

慣れないうちは「こんなところでも意外な出費があった」と感じることが時々ありますが、

一度でも経験すると、経費についての考え方がわかってきます。

②については相見積もりを取ったり、発注を重ねたりすることで、「この仕事ならだいたいこのくらいかな」という感覚が身につきます。そうなると、入札金額を決める苦労が、かなり小さくなっていきます。

①～③の中で、もっともフレキシブルに考えられるのは③の利益でしょう。なるべく儲けたい、と思うのが人情というものですが、入札金額が競合よりも高いと落札できません。

ですから、入札に参加する目的別に設定するのがよいと考えます。

例えば、収益が目的の場合には、利益率を設定して価格を決めます。利益率を2割に設定した場合、コストが50万円なら、入札金額は60万円になります。設定した利益を得るために入札に参加するのですから、仮に落札できなかったとしても、よしと考えます。

一方、企業のブランディングや入札の経験蓄積、人脈作りなど、収益以外のメリットが目的の場合には、利益率を低く設定するのもありです。

損益分岐点ギリギリ、もしくは少しくらい赤字でもいい、と割り切ってしまえば、落札できる可能性が大幅にアップします。

経験を積み、人脈ができると、より収益をあげやすくなるので、赤字分は投資だと考えることができます。

とはいえ、赤字が出ると、会社の財務や家計に響くこともあるので、財務の状態に照らして判断する必要があります。

金額を決めたら、入札書に記入しますが、この際には「入札心得」などに書かれているルールを確認してください。「アラビア数字で書く」「数字の前には『¥』記号を付ける」などのルールが定められていることがあります。

ルールどおりに記載しないと、無効な入札と判断されることもあるので、注意が必要です。

■電子入札をやりたい人は必要な環境を整える

便利な電子入札ですが、利用するためには環境の整備が欠かせません。

まず、ハード面ではパソコンとインターネット回線、それにICカードリーダーが必要です。

最近ではさまざまなオンラインサービスがスマートフォンやタブレットに対応し始めています。e-Taxなどもスマートフォンで利用できますが、電子入札システムはそういったデバイスではまだ利用できません。

ですから、パソコンは必須です。

さらに言うと、パソコンのOSはMacではなくWindowsを選ぶ必要があります。電子入札システムが対応しているブラウザは2020年秋の時点ではInternet Explorer11だけだからです。

性能については、特別に高性能である必要はありません。ただ、インターネットを利用して、案件の検索をすることを考えると、それなりにサクサク動いてくれるだけの性能があった方がよいのは確かです。

案件検索ではインターネット回線も大切です。一定以上の速度を維持できる光回線があれば、効率よくページを切り替えながら情報を探せるので、なるべくなら回線速度にこだわってください。

ICカードリーダーは電子認証を行うために必要です。入札に参加しているのがあらかじめ登録されている人物と確かに同じである、ということを電子的に証明するのが**電子認証システム**です。

電子認証システムを利用するためにはあらかじめ「電子証明書」と呼ばれるカードを作っておかねばなりません。

このカードを作ってくれるのは公的に認証された「**認証局**」と呼ばれる機関です。NTTネオメイトや帝国データバンク、ジャパンネット、日本電子認証などがありますが、いずれかの機関に電子証明書の発行を申請することで作成してもらえます。

申請してから手元にカードが届くまでには2週間程度かかることもあるので、入札をやってみよう、と思う人は案件を探す段階で申請をすませておく方がよいでしょう。

電子入札の利用にはコストがかかります。電子証明書の利用には年間1万円程度のコストがかかりますし、カードリーダーも購入しなければなりません。

そのため、毎日数件入札する、というくらい利用する方以外は紙入札で十分だと思います。

⑥落札の発表——あまりに低価格だと問い合わせがくることも

入札を完了したら、あとは開札を待つだけです。

民間企業の仕事をする時はいろいろな要素が審査されます。見積もりの金額はもちろんですが、会社の歴史や実績、担当する営業マンの人柄など、さまざまな要素に照らして、選ぶのが一般的です。

一般競争入札で審査されるのは基本的には価格だけです。ある案件について、3社が入札に参加し、それぞれ150万円、120万円、100万円という価格を付けたら、落札できるのは100万円で入札した会社です。
この審査方法は**「最低価格落札方式」**と呼ばれ、一般競争入札では原則的にこのやり方を選ぶものとされています。

ただし、案件によっては入札した価格があまりに低いと、発注者から問い合わせがきたり、失格にされたりすることがあるので注意が必要です。

価格が常識はずれに低い場合に問い合わせや調査を行うのは「低入札価格調査制度」によります。

あまりに低い価格で契約してしまうと、ちゃんと履行されなかったり、市場の秩序を乱してしまったりする恐れがあるので、設けられている制度です。

仕様書には10000個と書かれているのを入札者が単位を読み間違えて、1000個だと勘違いして価格を入れてしまうケースなどは実際に時々見られます。

そうなると、A社~C社が150~100万円で入札しているのに、D社だけは15万円という極端な安値で入札してしまうことがあります。

価格だけを基準に審査すると、D社が落札することになりますが、契約を履行するのは困難なので、落札したのに契約しない、といったトラブルが起きかねません。

そのため、「なぜ、その価格を付けたのか」を発注者が問い合わせる制度が設けられているのです。

また、ライバル会社を排除するために、経済的な余裕のある会社が赤字覚悟で極端な低価格での入札を行うこともあります。

そういった行為が横行すると、入札の公正性が失われてしまうので、やはり「低入札価格調査制度」にもとづく調査の対象となります。

同じような理由で設けられている制度にはもう1つ「最低制限価格制度」があります。

こちらはあらかじめ発注者が決めた最低制限価格を下回った入札をすべて失格にする、というものです。

前述のケースで発注者が最低制限価格を90万円に設定していたら、15万円で入札したD社は自動的に失格になります。

こういった制度が設けられていない場合には最低価格を入札した人が落札者です。

ただし、それとは逆に、入札された価格がすべて官公庁の予定価格を上回った場合も、入札が不調になることがあります。官公庁の側には予算があるので、それ以下でないと再入札を求められるのです。

私も過去に「高すぎる」という理由で、一つの案件について2回も再入札をしたことがあります。最初の入札と合わせて、3回も札を入れたのですが、それでも不調だったので、最後は入札を諦めました。

そういった問題がない場合には開札後、価格の審査を経て落札者が決まると、落札者には電話などで通知があります。また、案件によっては入札者全員に結果が通知されることもあります。

《ワンポイント！／案件によっては技術力が問われることも》

数は多くありませんが、一般競争入札の中には価格だけでなく技術力も含めて審査を行うケースがあります。

主に発注者が高品質の作業や物品を必要とする場合に、入札に参加した側の技術力や専門的な知識などの要素も点数として価格に加えて評価することがあるのです。

価格のみを評価する「最低価格落札方式」に対して、実績や能力を点数化して価格に加えて評価するこのやり方は**「総合評価方式」**と呼ばれます。

■⑦契約——契約書の内容は契約案と仕様書どおり

落札した後はいよいよ発注者との契約です。

民間の仕事の場合は依頼があってから契約を結ぶまでに、さまざまな事情や発注者の都合などで思わぬ時間がかかることがあります。

発注・依頼があったので、準備を進めていたら、契約を結ぶ前に話が流れてしまった、といった経験がある人も多いのではないでしょうか？

入札の場合には、原則として落札が決定した日から30日以内に契約を結ぶよう定められています。

また、契約の詳細については入札説明書に含まれる契約案や仕様書どおりとなるので、「落札できたのに条件が変わった」などということもありません。

■⑧業務開始——仕様書にしたがって納期内に完了させよう

契約を結んだら、業務を開始します。作業の範囲や数量は仕様書に示してあるので、それを超える業務は不要です。

業者に協力を依頼する場合には、業務の内容について、しっかり確認しておくことが大切です。

また、作業の完了や物品の納品については締め切りや納期が定められているので、それを守れるよう、なるべく余裕を持ってスケジュールを組むようにしましょう。

屋外作業の場合には、天候次第で休まざるを得ない日もあるので、注意が必要です。

■⑨完了と確認検査——一発ＯＫが多いが問題があれば修正も

作業や物品の納品が完了したら、発注者による確認検査が行われます。

第2章でも触れましたが、確認の対象になるのは仕様書のとおりにできているかどうか、ということだけです。また、検査を担当するのは専門知識を持たない官公庁の職員なので、民間に比べると、チェックは割合緩やかです。

とは言え、確認検査で「問題あり」と指摘されることもあります。

その場合には、仕様書をチェックしてみて、提供した作業や物品の品質が仕様書のとおりになっていなければ、修正作業を行います。

一方、問題はあるものの仕様書のとおりにできている場合には、「問題はないはずです」と反論できます。

実際、私も何度か経験しましたが、入札は「仕様書が絶対」なので、作業が例え完璧でなかったとしても、仕様書に書かれている内容を満たしていれば、発注者は修正作業を求めることができません。

「仕様書どおりなので修正はしません」と言えば、それ以上、修正を要求されることはありません。

■⑩支払い——検収（確認検査）でOKなら迅速に振り込まれる

検収でOKをもらえたら、発注元に対して請求書を発行します。

支払いは原則、現金一括払いです。請求書が届いて30日以内に、入札者が指定した金融機関の口座に振り込まれます。

契約の内容によっては、支払いの方式が変わることもあります。

例えば、去年私が落札した「自衛隊施設の食器洗い」といった1年分の作業を請け負う場合、作業開始から完了まで12カ月もかかってしまうので、その間に分割で支払ってもらうこともできます。

■落札にはコツがある！――利益率が高い案件を確実に落札する方法とは

ここまで、落札の流れを解説してきましたが、あまり難しいことはなかったと思います。私にもできそう……そう思えたのではないでしょうか？

実際、特別な技術や知識、経験は必要ないので、誰でも簡単に参加できます。お金を稼ぐ方法としてはハードルがとても低い方でしょう。

ただ、それでも、始めてすぐに大きな利益をあげられるようになった、という人はそれほど多くありません。最初は落札に苦労する人が多く、「何度も入札してみたけど、なかなか落札できない」と嘆く人もいます。

落札にはいくつかコツがあるのです。

①とにかくたくさんの案件を見て、自分に合うものを探す

入札の第一歩は案件探しです。自分にとってやりやすい案件や価格を抑えて入札できそう

な案件をうまく探せたら、落札できる可能性が高まります。

初心者のうちはなかなか見分けるのが難しいので、とにかくたくさんの案件情報を見ることから始めてください。

野球の素振りと同じです。例え入札しなくても、案件をたくさん見るうちに自然と「目が肥えてくる」ものです。

たくさん並んでいる案件情報のうち、どんな案件ならどこに注目すればいいのか、といったことがわかってくると、効率的に自分に合う案件を見つけられるようになります。

②仕様書を読み込む

落札につながるいちばん大きなコツは適切な入札金額をつけることです。

そのヒントになるのは仕様書です。

仕様書には案件のすべてが書いてあるはずなので、何度も読み込むことで、入札金額のつけ方が見えてきます。

それでも、わからないことがある場合は、発注者にどんどん質問しましょう。質問に答えることも担当者の仕事なので、遠慮は無用です。

漠然と仕様書を読んでいても、成長にはつながりにくいので、ダメ元で入札をしてみることも大切です。

仕様書を熟読する→入札価格を決める→入札してみて結果を検証する。

この作業を何度もくり返すことで、仕様書の情報をどのように価格に反映すればいいのかが少しずつわかってきます。

③最初から大きな利益を狙わない

利益が50万円稼げる仕事を1件請け負うのと、利益5万円の仕事を10件請け負うのとでは、経済的なプラスは同じです。

1件ごとの経費やかかる時間と手間を考えれば、通常なら50万円を1件こなす方がよい、とも言えます。

でも、入札について私の立場で言えば、初心者の方は5万円を10件落札することを狙ってほしいと思います。10件分の経験が身につくからです。

まずは1万円でも上出来、場合によっては少しくらい赤字が出てもいい、という覚悟でのぞめば、案件をどんどん落札できます。


実を言うと、私も最初に落札できた案件は赤字でした。

もちろん、黒字になるよう金額を設定して落札したのですが、作業現場に何度も足を運ぶ必要があったので、最終的には交通費の超過で少し赤字になったのです。


当時は「失敗した」とガッカリしましたが、その案件のおかげでいろいろなことを学べました。現在に至るまで、たくさんの案件を落札して利益をあげてこられたのは、最初の落札があったからだと思っています。

④自分の技術や人脈が活かせそうな案件を狙う

よく知っている仕事については業務の細部までを頭に思い描くことができます。

「いつ、どんな作業が必要なのか」「どこにどんなリスクが潜んでいるのか」……実際に経験したことがある仕事や、親しい人が手がけている仕事については、いろいろなことを知っているので、適切な入札価格をつけやすいはずです。

人脈がある業界についても同じような利点があります。発注されている業務を手がけている人が友人や知人にいると、わからないことを尋ねたり、今ならどのくらいの費用がかかりそうか、という情報をもらうこともできます。

落札できた場合も、「お友だち価格」で請け負ってもらえることがあるので、競合よりも低い価格で入札しやすくなります。

⑤過去に大手が落札してきた案件を狙う

過去の落札者を調べてみて、大手企業が落札していることがわかったら、その案件は狙い目かもしれません。

大手企業はたいてい、落札した案件を下請けに丸投げしているからです。

そのため、自社と下請けの2社が利益を得られるよう、入札価格を設定します。

もし、その業務を自分でやれるのなら、1社分の利益をのせるだけでいいので、大手企業よりも低い価格で入札できます。

私が知っている中にも、大手人材派遣会社がこれまで落札者になっていた案件を個人が落札して、自分で業務をこなしたケースがあります。大手企業がつけていた価格よりもかなり低い価格で入札したそうですが、それでも十分な利益があった、と聞きました。

■スキルがある人は企画競争入札も

ここまで、一般競争入札のやり方を解説してきましたが、専門性が高いスキルを持っている人は「企画競争入札」を狙うのもありでしょう。

企画競争入札はその名の通り、複数の事業者に企画や技術の提案書を提出させ、その内容を審査して、契約する事業者を選ぶやり方です。

予算の枠はあらかじめ決められており、入札に参加する事業者はその範囲内で請け負える企画などを提案します。

発注者は企画の内容や企画を実現する能力が一番優れている事業者と契約を結びます。

一般競争入札は価格のたたき合いになりがちですが、企画競争入札で比較されるのは能力なので、きちんと利益を確保しやすい、というメリットがあります。

また、一定以上のスキルがないと参加できないので、競争率が低いのも利点の一つと言えます。

■実績を積んで指名競争入札や随意契約を狙おう

一般競争入札で実績を積むと、官公庁からの信頼がどんどん厚くなっていきます。

作業の丁寧さや納入する物品の品質、納期の遵守、専門知識や提案力、安全性への配慮などが評価されるようになれば、発注者は「次もこの人に頼みたい」と思ってくれます。

そうなると、時々起きるのが指名競争入札へのお誘いです。

第1章でも解説しましたが、国や自治体に対してはなるべく一般競争入札を行うことが推奨されていますが、一定の条件にあてはまる案件については指名競争入札や随意契約が認められています。

技術力や専門知識が必要な案件では、あらかじめ入札の参加者を絞ったり、入札なしに契約を結んだりすることが許可されているのです。

発注者にとって、指名競争入札や随意契約には一般競争入札に比べて事務の負担が小さい、というメリットがあります。

入札の手間がかからないだけでなく、何度も発注して気心の知れた業者が仕事を請け負ってくれるので、詳細を説明したり、間違いを正したりする労力も省けます。

ですから、本来は指名競争入札や随意契約で発注先を決めたいのです。

ところが、これらのやり方には「業務の発注先が固定化する」というデメリットがあります。発注先が毎回同じメンバーになると、なるべく多くの中小企業や個人事業主に公金を直接渡すことで、経済を活性化する、という入札本来の目的が失われてしまいます。

そのため、「できるだけ一般競争入札で」と定められているのです。

ただし、そういったデメリットは発注を受ける側にとってはメリットになります。「発注先が固定化する→高確率で仕事をもらえる」と言えるので、中小企業の経営者や個人事業主なら、当然、狙うべきでしょう。

Column 2

コロナ禍にあえぐ事業主を救え！　官の対応は親切丁寧

コロナ禍で民間の仕事が減る中、国は中小企業経営者や個人事業主を救うため、なるべくたくさんの人や企業が入札に参加できるよう、対応をしています。

新規参入者大歓迎！　というのが国の大きな方針です。

これは民間とは大違い。企業同士の仕事ではなるべく円滑に業務が進むよう、実績や経験値が重視されるので、新規参入は簡単ではありません。ある仕事を適切にしかも安価でこなせる自信があっても、新しく仕事をもらうのはとても難しいのです。

ところが国の仕事である入札では新規参入を増やすよう、内閣府から通達が出ています。そのため、経験値がなく、右も左もわからないという人でも歓迎してくれるのです。

実際に、入札を手がけた人に話を聞いてみても「担当者がとても親切だった」という声が大半です。民間なら「面倒だから自分で調べろ」「そんなこともわからないのか」などと怒られそうなことを尋ねても、担当者はちゃんと答えてくれます。

入札初心者の中には「役所の人にこんな初歩的なことを尋ねたら怒られそう」と気後れする人がよくいますが、わからないことはドンドン質問するのがお勧めです。

新規参入を増やそうとしているので、役所の側も不慣れな人が落札することはあらかじめ織り込み済み。極端に言えば、民のお仕事は発注者が「お客さん」ですが、官のお仕事は請け負う側――入札する会社や人が「お客さん」なのです。

そういった意識を国が持っているので、民の仕事のように途中で切られてしまうこともありません。安心してお仕事ができるのは入札の非常に大きな利点だと思います。

第4章

自分だけでやらなくていい？知り合いや専門の事業者と協力すれば「できること」が無限に広がる

■入札する仕事は自分でできるものに限る必要はない

入札なんて無理、という人に理由を尋ねると、「私ができる仕事なんて、あまり募集されていないから」という答えが時々返ってきます。

入札案件を検索してみるとわかりますが、官公庁が出す発注の種類は多種多様です。ボールペンの納品という単価の低い仕事から、国立公園の清掃などという規模の大きな仕事まで、分野も内容もまったく違う発注が入札の世界にはひしめいています。

ですから、多くの人は本業など自分の職業経験をもとに、自分ができそうな案件を探します。

例えば、お弁当を作って販売している会社なら、大人数向けの調理という特技があるので、官公庁の職員食堂の運営、といった案件であれば、こなすことができそうです。

現場作業系のお仕事をしている人なら、施設の保全や清掃などのお仕事は得意かも知れません。

ただ、中には本業に近い入札案件があまりない職業に就いている人もいます。

私自身もそうだったので、入札に関心を持って案件を探してみても、「できそうな案件がない」となってしまうのはよくわかります。

そんな人は入札で稼ぐことはできないのでしょうか？

実はそんなことはありません。
自分でできない仕事は「できる人・会社」に依頼をすればいいのです。
つまり、案件を落札して、仕事は下請けに任せれば、例えその業務のことをまったくわかっていなくても、ちゃんと完了できます。

ですから、入札案件を探す時には「絶対にできないもの」以外は最初から除外せず、とりあえず「やれるんじゃないかな」という前提で検討してみるのがお勧めです。
もちろん、その上で利益が薄すぎたり、納期が厳しすぎたりする案件はあらためて「無理」と判断すればいいのです。

■技術と経験？　マンパワー？　案件に必要な事柄で分ける

「自分でできない案件」には大きく分けて2つの種類があります。

一つは専門的な技術や経験が必須の案件。ＩＴ系のシステム構築などはこのカテゴリの代表格でしょう。

専門性が高い案件はその業界をまったく知らない人が落札して専門家に丸投げする、というやり方にあまり向いていません。

細かな作業の一つ一つにどの程度の手間や時間がかかるかわからないからです。あらかじめ、依頼先に仕様書を見せて見積もりを取ったとしても、その段階ではわかっていなかった事柄が原因で、大きな追加作業が必要になることもあり得ます。

また、完了後の検収で問題を指摘された場合も、仕様書のとおりなのか、違うとしたら常識的には許容される範囲なのか、といったことが専門外の人間には判断できません。

ですから、ＩＴ技術のことがある程度わかっていれば別ですが、まるで理解できない仕事の元請けになるのは危険です。

一方、専門性が低い案件は業者との協働に適しています。入札案件を探していると、施設の清掃や管理といった仕事がよく見つかります。そういった仕事に、専門的な知識は求められません。

必要なのはきちんと仕事をすることと、納期を守ること、事故を起こさないことなので、人に依頼するのが比較的簡単です。

■物品納入は卸やメーカーをインターネットで探してみる

物品納入系の案件をこなすためには、納入する物品を安く大量に仕入れられるルートが必須です。

本業などの関係でメーカーや卸問屋とつながりがあれば、調達するのは難しくありません。

そういったルートがない場合も、商品を取り扱っている事業者に連絡を取って調達することで、広くいろいろな案件を手がけられます。

商品を大量に販売してくれるのは卸問屋かメーカーです。

卸問屋は大量の納品に慣れているので、対応が早いという利点があります。ただし、在庫がなければ、新たに発注することになるので、納期どおりに商品をそろえられるか確認しておく必要があります。

金額ももちろん重要ですから、利益を上げるためにはできるだけ多くの問屋に声をかけて、値引き交渉をするのがお勧めです。

商品を製造するメーカーの中にも、直接取引に応じてくれる会社はあります。

卸に比べると、一般に安価で納品してもらえますし、在庫がない時には生産ラインを調整して、商品をそろえてくれることもあります。

ただし、小ロットの発注を嫌う会社や配送の手間を避けたがる会社など、さまざまなメーカーがあるので、相手の状況を確認したうえで、交渉を進めるのがよいでしょう。

■仕事関係、友人、親族等々の人脈を洗い出してみる

いろいろなスキルを持つ人を自由に使えるようになると、入札で大きな利益を上げられる可能性がどんどんアップしていきます。

ただ、普段から自分にどんな人脈があるか、意識している人はあまり多くありません。日常の中でなにか困ったことが起きた時などに、「そういえばあの人がいた」と思い出すくらい、というのが一般的ではないでしょうか。

「入札で成功したい！」と思う人には、そんな人脈を一度洗い出してみることをお勧めします。

本業の関係

取引先はもちろん、取引先の取引先なども仕事を依頼する候補になります。特に、長年にわたってお取引をしている会社とは信頼関係ができているので、「○○ができる会社を知らないでしょうか？」と尋ねると、快く紹介してくれることが少なくありません。

官公庁の仕事は取引がブランディングになり、支払いも確かなので、業務を依頼すると喜

んでもらえる、というメリットもあります。

過去の職業関係　転職を重ねたことがある人の場合には、過去の職業関係も大切な人脈です。転職を重ねたことがある人の場合には、過去の職業関係も大切な人脈です。転職後も前職の同僚とたまに飲みに行っている、などの関係が残っている人は「入札を始めたので手伝ってもらうことがあるかもしれない」と近況を報告しておくとよいでしょう。

親や兄弟姉妹、親戚等　親族は損得抜きで付き合える非常に貴重な人脈です。どんな仕事をしているのか、詳細を意外に知らないこともあるので、お盆や正月などに顔を合わせた時には、仕事関係の話を詳しく聞いてみましょう。

同窓生などの友人　友人も損得抜きで手伝ってくれる貴重な人脈です。40代以上になると、自営業で成功を収めたり、企業の中でそれなりの地位に就いたりしている友人が増えるので、非常に頼りになります。

SNS仲間

最近ではSNS上で人脈を築く人が増えています。コミュニティに加入したり、立ち上げたり、といった活動をすることで、意外に広い人脈を形成できることがあります。

■入札に役立つ人脈を作っておく

人脈の質や量は年齢とともにアップします。付き合ってきた人の数が多いのに加え、前述したように、同世代の友人たちに成功したり出世したりする人が多くなるからです。

とはいえ、若いから不利とも言えません。これから入札で成功を収めていこうと考えている人は意図的に人脈を築くのもありでしょう。

例えば、いろいろなアルバイトをしてみるだけでも人脈は広がります。引っ越しや配達のアルバイトをすれば運送や物流系の人脈ができますし、警備や清掃のアルバイトなら、作業系の人脈を築けます。

ＳＮＳなどの利用が得意な人はコミュニティを作るのもいいでしょう。例えば、Ｆａｃｅｂｏｏｋにはコミュニティを自由に作れる機能があるので、いろいろな職業の人と交流したり、入札の情報を交換したりするのもよさそうです。

■自分や友人、知人の職種を参考に入札してみる

入札初心者の方が案件を選ぶ時には、自分がやってきた仕事や友人や知人が手がけている仕事を参考にするのがお勧めです。

見ず知らずの業者と協働でお仕事をするのは簡単ではありません。

もともと本業で人に仕事を依頼している場合には、入札でも同じことをするだけなので、特別な苦労はありませんが、今まで発注側になったことがない人は戸惑うことがいろいろとあります。

「言うことを聞いてくれない」

「相手の方が専門家なので、指示がしにくい」
「ドタキャンされた」

等々、いろいろなトラブルを私も耳にしたことがあります。

特に、自分に技術や知識がない仕事を現場経験の長い人や職人肌の人に依頼するのは神経を使います。

気配りは必要ですが、どちらが発注者なのかは明確にしておかなければならないので、へりくだりすぎてもうまくいきません。

どんな仕事でも、人を使うのは簡単ではありません。

ですから、最初は親族や友人にやってもらうつもりで、案件を入札してみるのがお勧めなのです。気心が知れた人たちなら、一緒に仕事をする際に「トラブルが起きるのでは」などとそれほど心配しなくてすみます。

友人や知人とはいえ、お仕事を手伝ってもらう時にはあらかじめ、スケジュールを確認しておき、価格設定についてもしっかりと見積もりを出してもらいましょう。

業務を請け負ってもらうつもりでいたら、相手が忙しくて引き受けてもらえなかった、などということになると、最初からトラブルを抱えることになります。

■協力してくれる専門の業者を事前に見つけておく

親族や友人に限らず、いろいろな業務を請け負う事業主や会社に仕事を依頼できたら、入札できる案件の幅が一気に広がります。

依頼先の探し方はいくつかあります。

一番簡単なのはインターネットで検索してみることです。

最近ではたいていの事業者がホームページを持っています。作業系の案件であれば、作業を行う地域の事業者を検索して、実績等を確認してから連絡を取って話を聞いてみるのがよいでしょう。

地元にコネがある人に聞いてみるのも効率のいい探し方です。知り合いに作業を行う地域の出身者やその地域に住んで人がいる場合は、地元で評判のいい事業者がいないか、聞いてみましょう。

知り合いがいない場合には、地元の飲食店で聞き込みをしてみる、といったやり方もあります。

よさそうな依頼先が見つかったら、見積もりを依頼します。お金のことは特にトラブルのもとになりやすいので、入札する前に仕様書を見せて、きちんとした見積を取っておきましょう。

落札できたら、あらためて連絡をして契約条件を詰めることになります。

仕様書どおりに最初から仕上げてくれるかどうかわからないので、最終的な納期の少し前に請負業者向けの納期を設定しておいた方がいいでしょう。

現場仕事をしている人は個性が強い人も多く、一筋縄でいかないこともありますが、アドバイスをくれたり、いろいろと教えてくれたりする人もいます。

同じような案件をこなす時には、相性のいい人に出会うまで、毎回、仕事を依頼する先を変えてみるのもよいでしょう。

最初は少し苦労がありますが、相性のいい人に巡り会えたら、その後は一気に入札がやりやすくなります。


専門の業者に作業を依頼する場合には、現場を見る必要はありません。

ただ、やはり自分の目で何度か確認しておいた方が安心できます。

また、現場に顔を出すことで、請け負ってくれた業者だけでなく、その下請けで働く人たちと人脈を築けることもあります。

相性にもよりますが、下請けの人たちと仲良くなれたら、次からは直接その人たちに頼むこともできます。

ジモティで作業チームを作る

落札した仕事を自分でこなすのと、専門の業者に頼むのとのちょうど中間的なやり方に、「自分で人を雇って作業チームを作る」という方法があります。

作業員募集の情報を広めて、応募してくれた人を面接し、日給や週給で働いてもらう契約を結ぶのです。

人を集める方法はいろいろありますが、「使いやすい」と評判がいいのは「ジモティ」です。「地元の掲示板」と言われるポータルサイトで、さまざまな地域の物品売り買いや募集の情報などが掲載されています。

例えば、ある程度広い施設の草刈りを請け負った場合、本業がある人が1人で作業をするのはたいへんです。人手がほしい、となったら「ジモティ」で募集をかけるのです。「○○で草刈り作業・時間給900円」などの条件を記載すると、簡単に人を集めることができます。

あとは面接をして、採用する人を選びます。

採用した人の中に、リーダーとして仕事を任せられそうな人がいたら、自分が現場に行かなくても、作業を進めてもらうことができます。

さらに、一度作ったチームを別の入札の際にも利用できるので、次に同じような作業の案件を入札する時には、手間やコストをしっかり把握した上で金額を決められます。

■事故などのトラブル対策をしておく

作業系の案件を入札する時、多くの人が心配することの一つに「事故が起きたらどうなるの？」というのがあります。

「セミナーの開催」といった案件の場合には事故が起きることは考えにくいのですが、「庁舎内の引っ越し」というような案件では万が一のことがあり得ます。

「備品を異動させている時に手が滑って破損してしまった」などという事故が稀に発生するので、どう対応すればいいのか、知っておいた方が安心です。

作業に協力してくれるよう事業者に依頼した場合には、落札者から見ると事故の責任は作業を請け負った事業者にあります。ただ、発注元である官公庁から見ると、責任は落札者にあるので対応を求められます。

この点は民間のお仕事と同じです。要するに入札というのはお仕事の発注を取るための手段であり、契約後の手順やリスクは民間のお仕事と同じなのです。

誰かに仕事を請け負ってもらう時も、事故などが起きないよう作業をしているか、確認しておいた方がいいでしょう。引っ越しであれば、物品の破損がないよう注意を促す、といった対策を講じておけばトラブルのリスクを抑えられます。

協力先を選ぶ時には、作業のリスクに対する意識を確認することも大切です。

落札した業務を自分でこなす場合や先ほど解説したように、「ジモティ」などで集めた人を直接使って仕事を進める場合には、雇用者としての責任が発生します。

作業員のミスで事故が起きた時も、賠償を求められることがあるので、注意が必要です。

事故による損失を抑えるための対策は2つあります。

1つは業務への協力を依頼する時と同じく、安全に配慮した作業方法を徹底すること。

もう1つは保険に加入することです。事業にともなう賠償責任をカバーできる保険があるので、加入しておけば、万が一の事故が起きた時も経済的なダメージを抑えられます。

Column 3

これさえできれば絶対成功！　入札で成功するための唯一無二の方法

「入札のお仕事で成功するためにはどうすればいいですか？」

初心者の方からそう尋ねられることがよくあります。

入札の経験を積んできた方の話を聞くと、成功にいたる経緯はさまざまです。早い段階で落札できた人がいる一方、最初はなかなか落札できなかった、という方もいます。

ただ、成功した人に共通して言えるのは「自分なりの成功法を見つけるまで、根気よく入札を続けた」ということです。

ですから、私は成功するための方法を尋ねられたら、かならずこう答えることにしています。

「入札で成功するのは簡単です。根気よく続けること。そうすれば、誰でも最後には入札で稼げるようになります」

世界的に有名な発明家であるトマス・エジソンは数々の名言を残したことでも有名ですが、その中に「私は失敗したことがない」というのがあります。

「ただ、ダメな方法を1万通り見つけただけだ」というのです。

実際、電球のフィラメントに適した素材を見つけるために、エジソンは2000回以上も実験を繰り返したと言います。電気を通しても光が弱い素材、すぐに燃え尽きてしまう素材……何度も何度も失敗をくり返した結果、最後にエジソンがたどり着いたのが「竹」でした。

入札も同じです。落札できなくても、ひたすらくり返すうちに、「なにがダメなのか」がわかってきます。失敗するたびに、実は少しずつ成功するためのヒントが蓄積されていくのです。

最初のうちは特に「落札できなかった時の方が学べることは多い」とすら言えます。

ですから私はよく、「最初は10連敗してください」と初心者の方にお願いしています。

ちなみに、ものごとによっては根気よく続けられないこともありますよね。

トライするのに大きな費用や手間がかかるものは、失敗し続けるとダメージに耐えきれなくなります。

エジソンのケースで言えば、フィラメントが1本1万円するなら、数十回の失敗で心が折れたかもしれません。

入札に必要なのは郵便入札なら書類の郵送費用、札を入れに行くなら交通費くらいです。電子入札の場合にはそれもかかりません（カードリーダーの購入等の費用はかかります）。手間と言えるのは案件を選んで書類に必要事項を書くだけ。慣れれば30分程度で完了します。

時には、一緒に働いてくれる業者に見積もりを依頼する必要がありますが、それも回数を重ねて人脈ができれば、簡単にできるようになります。

もう一度言いますが、入札で稼ぐのは簡単です。成功できないのは根気が足りないだけ。根気さえあれば、誰でも稼げるのが入札なのです。

第5章

コツコツ続ければ必ず成功する！
私がお手伝いした人たちの成功例

この章では私の主催するセミナーで学んで、今では実際に官公庁入札を手がけて収益を上げている人たちの経験談を紹介します。

あらためて、お話を聞いてみると、初心者だった方がベテランになる中で学んだことや見つけたことなど、興味深い情報をたくさんいただけました。

本業もバラバラ、取り組み方もそれぞれ違う方のリアルな声なので、これから入札を始めたい方にとっては参考になる情報もたくさんあると思います。

■20連敗でつかんだ成功の秘訣

氏名：佐々木　将さん　職業：個人事業主　お住まい：茨城県　性別：男性

――佐々木さんが官公庁入札を手がけてみようと思った理由を教えてください。

佐々木さん：もともと、貿易関係の仕事をしていましたが、時間に縛られるのと、このまま60歳まで続けていても得るものが少ない、と考え、会社員ではない働き方を探していました。

いろいろな仕事を検討する中、国が推奨しているという入札のことを知り、やってみたい、と思ったのがきっかけです。

――実際にやってみて、どうでしたか？

佐々木さん：仕事の内容をイメージしやすい物販を今も主に手がけているのですが、最初にトライしたのもプリンター用インクの納入でした。その後、いくつかの入札案件に参加する中、最初に落札できたのは掃除機3台の納入という案件でした。

――最初からかなり順調だったわけですね？

佐々木さん：そうでもありません。資格を取って、やり方がどうにかわかるようになった後はとにかく手当たり次第に入札していたのですが、いくら札を入れても落札できない、という時期が1カ月弱も続きました。その間、20連敗もしたので、「ぜんぜん落札できないじゃないか。もう無理！」と「みんなの入札ひろば」さんに怒りの電話を入れたほどです。

そうしたら、落札できるよう、入札する案件の選択から入札金額まで、手取り足取り教えてもらえたので、落札にいたることができました。

落札できない時も、データを残しておいて分析してみてください、と言われたのが、後々、たいへん役に立っています。

――落札できなかったとしても、たくさんの案件に札を入れてみたことで、学べたことがあったのでしょうか？

佐々木さん：はい、成功につながる知識を大量に蓄積できました。例えば、同じ商品に同じ1割の利益をのせて札を入れても、落札できる官庁がある一方、ライバルがそれよりはるかに安い金額で入札している官庁もあります。

品物によっても、落札しやすいものとそうでないものがあります。大量に入札してみたことで、そういうことがわかるようになりました。

――20連敗すると、すごく落ち込むと思うのですが、気持ちの支えになったものはありますか？

佐々木さん：落札した方と自分との差を知って「いけるじゃん」と思うことはけっこうありましたね。1000円、2000円くらいの小さな差で落札を逃がしていることがわかると、次はちょっと利益を抑えるだけで取れるはず、と思えるので。

――入札を手がけてみてよかった、と思っていることを教えてください。

佐々木さん：働き方を自分で自由に決められるのがいいですね。前職では朝4時半起床がとても辛かったのですが、今は働く時間や収入を自由に設定できます。

――これから入札を始める方に、なにかアドバイスをいただけますか。

佐々木さん：わからないことはとにかく詳しい人に尋ねること、ですね。私も始めた当初は「何がわからないのかもわからない」という状態だったので、少し抵抗はあったのですが、思い切って「みんなの入札ひろば」さんにあれこれ質問をしました。

最初は2日に1度くらいのペースで、お電話していたと思います。そうしたら、イロハのイから教えてもらえましたし、落札するのに必要なことをマンツーマンですべて指導してもらえました。
質問はいくらでも受け付けてくれるので、最大限に利用すれば、１００％落札できると確信しています。

■自己破産から心機一転！　入札で起業を実現

氏名：仲川　雄貴さん　職業：入札専業　お住まい：埼玉県　性別：男性

――官公庁入札を始めたきっかけを教えてください。

仲川さん：もともとサラリーマンだったのですが、病気をしたことで家計のバランスが崩れてしまい、自己破産をすることになりました。子供の教育環境を整えるためにも転勤があるサラリーマンを辞めたいと思い、いろいろな仕事を検討する中で、入札という稼ぎ方に惹かれたのが、始めたきっかけです。

――他のお仕事もいろいろと検討されたのでしょうか？

仲川さん：私は今、50代ですが、子供がまだ小さいので、普通の仕事だと子供が成人する前に定年を迎えることになります。そこで、仕事を探すうえでは、「高齢になっても続けられること」が必須の条件であり、最終的には独立をしたい、と考えるようになりました。

フランチャイズなども含めて10数種類の仕事を検討しました。たくさんの事業説明会に参加し、加入費を支払ったケースもありました。素晴らしい仕組みや、条件がいいお仕事は入札の他にいくつもありました。

――そんな中で、入札を選んだのはなぜですか？

仲川さん：他の仕組みにはほとんど共通して「売り上げのためには営業努力が必要」という問題があったためです。どんなに素晴らしい仕組みでも、営業の成績次第で売り上げが増減するとしたら、収入は安定しませんよね。

その点、営業努力が一切必要ない入札は非常に魅力的でした。営業活動で疲弊することを思えば、入札で連敗することなど苦労のうちに入りません。

あと、スピード感があるのも大きな利点だと感じています。民間の仕事では、契約に至るまで時間がかかることがよくありますよね。入札は成否がスケジュール通りに決まるので、話が早いんです。

――入札ではこれまで、主にどんな案件を手がけましたか？

仲川さん：ほとんどが物販ですね。緑茶や浄水器、ファイル、同軸ケーブル、ポータブル電源、テレビ、掃除機、消火ホースなど、さまざまな商品を納入してきました。

――役務（作業系）の案件ではなく物販を選ばれたのはなぜですか？

仲川さん：手離れがいいことがいちばんの理由ですね。役務（作業系）に比べて仕事の内容がわかりやすいので、雇っているアルバイトの人に任せることができます。

――法人として、アルバイトの方を雇用されているわけですね。

仲川さん：はい。主婦の方を2人雇用して、入札案件を見つけることから仕様書の取り寄せ、見積もりの取り寄せ、入札に必要な書類の用意などを任せています。私がするのは値段を決めることと、最終的に書類にハンコを押すことくらいです。

――最初に手がけられた案件について教えてください。

仲川さん：某省庁への通話録音機の納入でした。前職が電話機と関係のある仕事だったので、イメージしやすかったこともあり、入札してみたところうまく落札できました。

――初めて入札に参加される際、不安はありませんでしたか？

仲川さん：わからないことだらけだったので、問い合わせをするだけでドキドキしました。ただ、入札の担当者が非常に親切に対応してくれたので、すぐに安心できました。「わからないことがあったら、なんでも電話してください」と言ってくれるような人でした。

――これから入札を手がけようと思っている人たちに、何かアドバイスをいただけますか？

仲川さん：迷っているなら、やってみて損はないと思います。かかる費用は切手代くらいなので、ほとんどノーリスクでトライできますから。

■経済が落ち込んでいる地方に入札で仕事を！

氏名：Tさん　職業：派遣事務や物販等マルチワーク　お住まい：青森県　性別：女性

――Tさんが入札を手がけるようになった動機を教えてください。

Tさん：地方に仕事を増やしたい、というのがいちばんの動機です。私が住んでいる青森県の八戸市は経済的な落ち込みがひどく、地元には仕事があまりありません。私が入札を手がけることで、地元にお仕事を持ち込んで盛り上げていけたら、と思っています。

――これまで、どんな案件を落札してきましたか？

Tさん：最初は1万円とか5万円とか、少額の物販案件を落札してやってみました。その後は少し大きな案件をやってみたくなったので、自衛隊が保有する施設のタイルカーペットの貼り替えというのをやりました。

――その案件をこなす上で、不安を感じたことはありましたか？

Tさん：最初は地元の会社に頼むつもりだったのですが、家族経営の小さな会社が多く、手に余るということで、なかなか引き受けてもらえませんでした。ただ、最初はうまくできなくて当たり前だと思っていたので、特に不安を感じたり焦ったりはしませんでした。自衛隊の担当者には毎日のように電話して、いろいろと相談に乗ってもらいました。そうすると、名前を覚えていただいて、担当の方たちとてもいい関係を築くことができました。

――地方に住んでいるメリットというのは感じますか？

Tさん：地元に競争相手が少ないのは大きなメリットですね。タイルカーペットの貼り替えも私の他に参加したのは1社だけでした。

――官公庁入札を手がけるうえで「職歴を活かせた」と感じることはありますか？

Tさん：銀行や保険会社に勤めていたので、書類の作成が得意だったのは入札では役に立ったと思っています。

――今後はどんな案件にチャレンジしてみたいですか？

Tさん：友人に翻訳の仕事をしている人がいるので、翻訳関係の案件を落札できたらいいな、と思っています。

■元請けになれた！　本業関係でコツコツから大きな仕事にもチャレンジ

氏名：谷中　真也さん　職業：エアコン等のメンテナンス　お住まい：栃木県

――谷中さんのお仕事について教えてください

谷中さん：父と2人でエアコンや浄化槽のメンテナンスを請け負う会社を経営しています。以前は設備系の会社でサラリーマンをしていましたが、40歳になったのを機に、独立しました。

――官公庁入札に関心を持ったのはなぜですか？

谷中さん：本業では下請けとして仕事をすることがほとんどなので、自分で発注を取って仕事をできないものか、と考えていた時に、独立支援系のポータルサイトで山下さんが募集していたセミナーのことを知り、受講したのがきっかけでした。

正直、そんなにうまくいくのかな、というのはありましたけど、すごく面白そうだと思ったので、どんどんはまっていきました。

――面白そうだと思ったのはどんなところですか？

谷中さん：とにかく、いろいろな仕事ができることですね。

本業では普段、エアコンや浄化槽のメンテナンスをするだけです。それ以外の仕事をする機会はほとんどありません。

でも、入札では今までやったこともない仕事にチャレンジできるので、ワクワクします。やろうと思えば経験や実績がなくても、なんでもできる、というのがいいですね。

――初めて落札したのはどんなお仕事でしたか？

谷中さん：地元にある自衛隊基地のトイレを直すお仕事でした。たしか4階建ての建物の最上階にあるトイレでした。

配管が詰まったのを直すだけだったのですが、前職の関係で配管の掃除に使う器具を持っていたし、やり方もわかっていたので簡単でした。

ちなみに、その案件でいちばん苦労したのは現場に行くことでした。濃霧で高速道路が通行止めになってしまったものですから（笑）。

――初めて入札のお仕事をしてみて、どんな風に感じましたか？

谷中さん：すごく儲かるな、と（笑）。というのも、その案件に応募したのは私ともう1社だけだったのですが、その会社が入れた金額は私の倍以上だったんです。

自分としては、十分利益が取れる額を入れたつもりでしたが、もっと高くてもよかったんだ、というのは驚きでした。

それまでは下請けで仕事をすることが多かったので、「元請けになると、こんなに儲かるんだ！」と感動しました。

――記憶に残っている入札案件は何かありますか？

谷中さん：少し前に請け負った草刈りの案件ですね。６０００平方メートルもある通信基地だったので、そういう作業を請け負っている業者の方に協力をお願いしたんですけど、ちょっと、やり取りに戸惑うことがありました。

――やり取りがスムーズにできなかったのですか？

谷中さん：基地での草刈り業務を何度もこなしてきた方みたいで、「自分の方が詳しい」という自負があるのか、なかなか言うことを聞いてくれませんでした。

ただ、発注元である自衛隊の上層部にもなぜかコネクションがあるらしく、「こんな風に言うと、こんな風にかえってくるよ」などと、自衛隊との付き合い方を教えてくれる方でもありました。

――入札案件を探す時にこだわっていることはありますか？

谷中さん：本業と関係が深いメンテナンス系の仕事を増やしていきたいですね。

例えば、建物の補修を手がけたら、例えその案件の利益が小さくても、発注元とのつながりができます。そうしたら、新たに補修や修繕のお仕事が発生した時に、随意契約で依頼してもらえるかもしれませんから。

――入札を手がけてよかった、と思うことを教えてください。

谷中さん：大きな収益や元請けとして仕事ができることはもちろんですけど、いろいろな人と知り合えることは入札の大きな魅力だと感じています。

例えば、草刈りの仕事を手がけた時には、障害者施設で働く20代前半の男性と知り合いになりました。とても素直ないい子だったので、今は別案件でも写真撮影をお願いしたりしています。将来的にはうちの会社に入ってもらえたら嬉しいですね。

会社をどんどん大きくしていきたい、と考えていますし、入札を続けることでそうできる予感があります。そのためには今後ドンドン人を育てていきたい、と考えています。

■人脈作りで利益率アップ！　入札はやればやるほど儲かる

氏名：崎濱　秀夫さん　職業：会社代表　お住まい：沖縄県

——崎濱さんの本業について教えてください。

崎濱さん：鉄骨メーカーと建設会社をつなぐ営業請負が我が社の主な業務です。

もともとは総合商社で鉄鋼を扱っていたので、その知識や人脈を活かして、沖縄に鉄骨の建物を普及させようと活動しています。

——初めて落札した案件について教えてください。

崎濱さん：自衛隊基地の草刈りでした。「全省庁統一資格」を取得したのが２０２０年の3月でしたが、その直後に入札を見つけて落札しました。

実はその時、６万坪、６千坪、１５０坪という3種類の施設が同時に公示されていたんです。

１０００万円以上の売り上げになる６万坪をやってみたかったのですが、最初の案件ということで、6千坪を選びました。

その時に信頼できる下請けが見つかっていたら、6万坪の方を入札していたと思います。

——自衛隊基地の草刈りは全国で募集されていますが、沖縄ならではの特徴は何かありますか？

崎濱さん：沖縄の場合にはハブ対策が必要です。あと、本土の草刈りは暖かい時期だけですが、沖縄は一年中刈る必要があります。

——作業はどのように進めたのでしょう？

崎濱さん：6千坪なら自分ひとりでもできるかな、と思ったんですけど、やはり暑い時などはたいへんなので、作業員を10名ほど雇うことにしました。

面接をして、1年間ちゃんと働けるか、確認したのですが、それでもアルバイトがドタキャンするなど、トラブルも少しありました。

まあ、8割ほどは想定通りにできたと考えています。

――利益はどのくらいありましたか？

崎濱さん：最初の案件でもあり、自分の日当分は確保できましたが、それ以上の利益はほとんどありませんでした。

でも、実は翌年もまた、同じ案件を落札できたんです。２回目からは専門の事業者に協力してもらったんですけど、１回目の経験をちゃんと活かせたので利益を出せました。

――他にはどんな案件を手がけましたか？

崎濱さん：大阪航空局の施設の草刈りというのもやりました。

面白いのですが、その案件のことを私に教えてくれたのは自衛隊の基地の案件で知り合った人たちでした。

草刈りの仕事をするうちに基地内のレストランで働いている人たちと仲良くなったのですが、その人たちが「おたくと仕事がしたい。ぼくたちが選んだ案件を落札して、ぼくたちにやらせてくれないか」と言ってきたのです。

見積もりも彼ら自身が持ってきたので、それに自分の利益をのせて入札したら、見事落札できました。

――作業をする上で、トラブルもありましたか？

崎濱さん：実は6千坪の草刈りで、協力してもらった事業者が基地内のケーブルを切ってしまう、という事故を起こしてしまいました。

修復に100万円かかりましたが、保険に入っていたので、保険金で賄えました。

入札に限りませんが、仕事をする上ではそういうリスクヘッジが大事だと思っています。

保険料の支払いがあるので、その分は粗利を増やさないと、安心して入札に参加できません。

そのあたりの備えについては商社マン時代の経験が活きている気がします。

――なるほど！　いろいろと考えて取り組んでいるのがよくわかります。

崎濱さん：考えることが好きで、楽しいんです。

新しいことにチャレンジする時はワクワクするので、今後は物品の納入とか、市場調査とか、今までやったことがない案件をどんどんやっていこうと思っています。

つい最近も、お弁当1万食という大きな案件を落札できたので、大手スーパーに依頼して納品しました。残念ながら、コロナ禍で3000食に減ってしまいましたが、民間の仕事で個人がそんなスケールの大きな案件を受注するのはほとんど不可能でしょう。入札なら、それができるんですよね。

――最後になりますが、これから入札に参加したい、と思っている人にアドバイスをお願いします。

崎濱さん：いろいろあるのですが、現場を大事にした方がいいですよ、というのは伝えておきたいですね。

人に任せる場合には足を運ばなくても大丈夫ですが、思わぬトラブルを防ぐためには、やはり作業現場を見ておく方がいいと私は思います。

――現場の確認が大事だと実感するような体験があったのでしょうか？

崎濱さん：私が入札を検討して思いとどまった草刈りの案件がそうでした。

陸上自衛隊の施設だったのですが、仕様書にはもちろん作業する場所の広さがちゃんと書いてありました。

航空写真でも確認して、「これなら楽勝だな」と感じました。
それでも念のために、と現地に行ってみてビックリ。作業場所の一部がものすごい傾斜になっていたんです。
結局、ある事業者が落札したものの、契約を辞退して逃げた、と聞きました。

――そういうのはとても貴重な経験ですね！

■仕事は楽しくないと意味がない！

氏名：Aさん　職業：入札専業　お住まい：埼玉県　性別：男性

――官公庁入札を手がけるようになった経緯を教えてください。

Aさん：前職を退職することになり、独立して仕事をしたい、と考えている時に入札のことを知り「やってみようか」と。

もともと建設関係の仕事をしていたので、入札という仕組みはある程度知っていましたが、工事じゃない案件があることは知らなかったので、「私が参加できるの？」と最初は半信半疑でしたけど。

――実際に参加してみてどうでしたか？

Aさん：トライしたのは役務ばかりなのですが、最初は失敗ばかりでなかなかうまくいきませんでした。例えば、塗装の案件で「テーブル外」と書いてあったのを「屋外にあるテーブルの塗装だ」と勘違いして、知り合いの外壁塗装屋さんに見積もりを頼んだり。ふたを開けてみると、私の勘違いで、塗装しなきゃいけないのは「テーブル外（ほか）」でした。食堂にある椅子とかの塗装だったんです。いずれにしろ、外壁塗装が専門の業者がやらない仕事なので、「分野が違う」と怒られました。

――役務の場合、実際にやってみないとわからないことも多いと思うのですが、想定と大きく違っていた案件はありましたか？

Aさん：8月に手がけた草刈りがそうでした。6万平米という広さは仕様書に書いてありましたが、現地が「ジャングル状態」だというのは確認できていなかったものですから、想定の数倍たいへんな仕事になりました。

依頼した業者が何度も「もう辞めさせてほしい」というので、私自身も毎日作業に加わり、「そう言わずに頼むよ」とお願いして、なんとか区切りがつくところまでやってもらいました。

――真夏の草刈りは肉体的にもたいへんな作業ですね。

Aさん：計画していたペースで作業が進まないので、土日もお盆も返上で働くことになりました。さらに、想定外だったのがハチの巣があったことです。作業を請け負ってくれた人が刺されて、ちょっと重い症状が出てしまったんです。

無理しないでくれ、と休んでもらおうとしたのですが、責任感の強い人だったので、1日休んだだけですぐに作業に出てくれました。ところが、その日にまたハチに刺されたんです。

幸い、前々日に診てもらった病院をすぐに受診できたので、大事にはいたりませんでしたが、ヒヤッとする出来事でしたが、いろいろなことを学べた案件でした。

――具体的にはどんなことを学びましたか？

Aさん：元請けとして他の事業者に対して、「一緒に働いてほしい」とお願いする立場の責任ですね。

あと、最初にたいへんな思いをした案件も、2回目はかなり楽になりそう、というのも学んだことの一つですね。草刈りの案件はたいてい、同じものが毎年出てきます。今年、途中で投げだそうとした業者が「来年も取りましょうね」と言ってくれています。

もう懲りたか、と思ったのですが、今年、きれいに刈ったので、楽になる来年は絶対に取りたいということです。高価な草刈り機も買うというので、私も半額分を出資することにしました。

――役務ならではの楽しみもありますか？

Aさん：一緒に仕事をする人と仲良くなれることですね。「仕事は楽しくできないと意味がない」というのが私のモットーです。入札の仕事は案件ごとに仲間が増えていくのが本当に楽しいです。

あと、普通は見られないものを見たりできるのも入札の楽しみです。

例えば以前、宮内庁が出していた「普通車塗装」という案件の詳細を聞きに行ったことがありました。車の塗装をしている知り合いがいたので、これならできると思ったんです。ところが、驚いたことに、この「普通車」というのは天皇家がパレードで使う馬車のことだったんです。

塗装は漆塗りなので、自動車の塗装会社が手がけられる案件ではありません。そのことがわかったので、「すみません。勘違いしていました」と伝えて私はすぐに帰ろうとしました。ところが、担当の人がとてもいい人で、「どうせなら見学していきませんか」と貴重な馬車を見せてくれたんです。

昭和天皇が使っていた馬車というのも見ました。昭和天皇が亡くなって以来、外に出たことがないそうですから、そんな機会でもなければ、目にすることはできなかったと思います。入札をやっていないとできない体験なので、すごく楽しいですね。

■結果が出ずに半年悶々……もっと早く相談すればよかった！

氏名：Iさん　職業：会社員　お住まい：埼玉県　性別：男性

――会社員をされているIさんが入札に関心を持つようになった経緯を教えてください。

Iさん：来年50歳という年齢的な区切りを迎えるのを機に、独立してお仕事をしたいと思い、情報を集める中で、入札というやり方があることを知ったのがきっかけです。もともと、障害のある方やお仕事をしたい高齢者の役に立つお仕事をと思っていたので、入札はまさにピッタリでした。

――もともと、入札の仕組みについてはある程度ご存じだったそうですね？

Iさん：はい。私が勤めていた会社では、官民相手の入札に参加することがあったので、入札がどういうものかについて、大まかな知識はありました。ただ、私が知っている入札は組織対組織だったので、個人が参加できるというのは目からウロコでした。

――最初はなかなか結果が出なかったそうですね？

Iさん：半年ほど、いくら入札しても落札できない時期が続きました。札を10回入れて、ようやく1回落札できる、という程度でした。

今にして思うと、まだ何もできていない段階で、「できる」と思ってしまったのが原因だった気がします。「みんなの入札ひろば」さんの説明会に参加した後、全省庁統一資格を取得したのですが、それだけで「ああ、これで稼ぐことができる」と錯覚してしまったんです。

そのことに気づいてからも、具体的にどうやれば落札できるのか、なかなか考えがまとまらず、遠回りしてしまいました。

――これまで、主にどんな案件にトライしてきましたか？

Iさん：興味が持てそうなら何でも。「なんか気になる」と感じて説明を読み始めて、最後まで読み通した案件については、とりあえず全部札を入れました。

反対に、興味が持てないものについてはパス、というのが私のスタンスです。

――多くの方が経験していますが、なかなか落札ができない時期は辛いですよね。

Ｉさん：そうですね。札をいくら入れてもダメ、ということが続くと、パソコンを立ち上げるのがイヤになりました。

――どうやって、その状況を打開したのでしょう？

Ｉさん：何でも自分で解決しなければ、という思い込みを払拭したことで、状況が一気に変わりました。「みんなの入札ひろば」さんのサービスで、電話相談を受け付けてくれることは知っていたのですが、最初の頃は「自分で考えなければ」という意識が強く、何もわからないまま、空回りばかりしていました。

「このままではダメだ」と思い、山下代表や担当講師の方に小まめに電話相談するようになって、落札できるようになりました。

――弊社にご相談いただいて、何が変わったのでしょう？

Ｉさん：初心者ですから、わからないことをいろいろと教えていただけたのはとても大きな助けになりました。それに加えて、担当の方とお話をすることで、意識が変わったのも大きかったと思います。

それまではわからないことを自分で調べたり考えたりしていたので、「こうだろう」という答えらしきものにたどり着いても、自信がありませんでした。経験豊富な担当の方に相談して、「それで大丈夫です」と言ってもらえるだけで、自信を持って入札に取り組めるようになりました。


——入札で成功するためには何が大切だと思いますか？


Iさん：人とのご縁だと思います。先ほどお話したとおり、「みんなの入札ひろば」の担当さんにアドバイスをいただいたことが私にとっては成功のきっかけになりました。

その他にも、落札できなかった案件で知り合った業者さんに、その後、別の案件で助けてもらったり、一度落札した案件の担当さんが別の案件で随意契約を結んでくれたり、といった展開がありました。

個人事業主として起業しても、1人では何もできません。いろんな人とのご縁をつないでいくことで、できる仕事が増え、回転が速くなっていくはずです。

あとは、自分から一歩踏み出す積極性でしょうか。遠慮なく質問をしたり、「いいな」と感じた案件には迷わず札を入れたりする人の方が、成功する確率が高いと思います。

■入札を本業に、本業を入札に活かす、という新発想

氏名：成田　民恵さん　職業：経営者　お住まい：静岡県　性別：女性

――成田さんが入札をやってみようと思ったきっかけは何ですか？

成田さん：私は株式会社アスクという会社を経営しています。内職部門では封入封緘のお仕事をよく手がけているので、全省庁から出ている案件を扱ったら、さらに売り上げを伸ばせる、と考えたのがきっかけです。

――内職部門というのはどういうものですか？

成田さん：内職をしたい人（時間給ではなく成果給で働きたい人）を募って、企業が外注するお仕事をしてもらう、という部門です。いろいろなお仕事がありますが、現状では封入

封緘を数多く扱っています。

——実際に入札をやってみて、成果はどうですか？

成田さん：まだ、本格稼働して1カ月にもならないのですが、チラシの印刷を1件、落札することができました。

——いろいろな案件がある中、印刷を選ばれたのはどうしてですか？

成田さん：本業との関係が深く、相場観などがわかりやすかったためです。あらかじめ、インターネットで複数の印刷会社にお見積もりを依頼して、入札価格を決めました。家具の納入や自衛隊のトイレ掃除といった案件も検討しましたが、物品はそもそも素人では仕入れが難しいものが多いし、作業系には人手を確保するのが難しい、という問題がありました。

——入札をやってみてよかった、と感じることはありますか？

成田さん：元請けになれることですね。今までは印刷会社からお仕事の依頼を受けることが多かったのですが、入札で案件を受注できれば、今度は私の会社が元請けになって、お取引のある印刷会社にお仕事を回すことができます。

そうなると、印刷会社にとって、うちとお付き合いするメリットが大きくなるので、本業でもより有利な立場でお仕事ができるようになるはずです。つまり、入札を手がけることで、本業でも効率的に稼ぎやすくなるだろう、と考えています。

――入札で成功するために必要なのはどんなことだと思いますか？

成田さん：どんなお仕事も同じですけど、毎日コツコツ続けることだと思います。最初は手探りですが、根気よく案件を見続けていると、そのうちに目が慣れてきて、感覚だけで「いけそうな案件」を見分けられるようになります。

ですから、私の会社では社員を1人、入札の仕事にあてて毎日、案件を探したり、仕様書を取り寄せたり、といった業務をさせています。

――今後はどんな入札案件を手がけていきたいですか？

成田さん：本業の関係で強く感じるのはやはり、コロナ禍の影響です。ごく一部には儲かっている会社もありますが、多くの会社が不況に苦しんでいます。そんな中、入札は案件数が減らず、単価も下がっていません。

　ですから、よりスケールの大きな仕事を落札して、いろいろな方との協働でこなしていくことができれば、と考えています。私が落札した案件に参加していただくのもいいですし、どなたかが落札した案件に参加させていただくという形もありです。

　実際に、入札に参加する前には1カ所だった事業の拠点が参加後は2カ所に増えるなど、私の事業は急拡大しています。入札を通じて知り合えた業者さんたちとの人脈が広がっていることが大きな要因ですね。

　今後は山下代表が中心になって、そういう枠組みを作ってくれてもいいのでは、とも思っています。

第6章

Q&A
入札についてのよくある質問と答え

この章では、入札についてセミナーを開く中で、受講生の方からよく質問される事柄について、まとめてみました。

Q：私でも全省庁統一資格は取れますか？

A：所得税や法人税などの滞納がない限り、誰でも取れます。あと、反社会勢力とみなされる方や破産宣告中の方は取得不可能です。

Q：入札に参加すると必ず落札できますか？

A：入札価格を抑えれば高確率で落札できます。ただし、その場合には利益が小さくなります。

入札書に書き込む金額と落札できる可能性は基本的には相反するので、落札できる可能性が高く、しかも十分な利益がとれる金額を見極めることが、入札で稼ぐためのいちばんのコツです。

最初から、最適な入札金額を判断するのは簡単ではありませんが、経験を積む中で、いろいろな要素をどう判断するか、仕様書の読み込み方などもわかってきますし、業務を頼める人脈も築いていけるので、案件を重ねることで、利益を確保しながら落札できる可能性がアップしていきます。

Q：入札に参加すると、どのくらいの金額を稼げますか？

A：個人差がありますが、私のセミナーを受けた人の中には2カ月でいきなり2300万円の売り上げを獲得した人もいます。

その一方、最初は赤字だった人もいるので、千差万別です。

稼げる金額は戦略と努力、それに運が関係しますが、多くの人は経験を重ねる中で、入札による稼ぎを年々増やしています。

Q：実績がないと落札できないのでは？

A：一部には一定以上の実績がないと入札に参加できない案件もありますが、大半の案件では実績を問われることはありません。

Q：だいたい何回目の入札で落札できるものですか？

A：人によって違います。初めての入札で落札できる人もいれば、10回以上チャレンジしてようやく落札できた、という人もいます。利益率を低く設定したり、経験を積むためと割り切って入札価格を抑えたりすれば、早々に落札できるので、その人の戦略次第、と言えます。

Q：何から始めればいいですか？

A：まずは案件を探して、少しでも「やってみたい」と思うものがあれば、仕様書を取り寄せてみましょう。

仕様書を詳しく読み込んで、それでもなお、「やれる」「やってみたい」と感じたら、入札してから業務を完遂して収入を得るまでをシミュレーションしてみてください。

シミュレーションは「自分で業務を手がけるパターン」と「人を使うパターン」の2とおりをやってみるのがいいでしょう。

シミュレーションを進める中で、「入札をどんどんやっていきたい」と思えたら、ポータルサイトの利用契約を検討するのがお勧めです。

案件検索の効率が格段によくなるのに加え、過去の落札価格を調べやすくなるので、よりリアルなシミュレーションが簡単にできるようになります。

Q：入札を手がけるうえで、何か意識した方がいいことはありますか？

A：勇気を持って、最初の一歩を踏み出すことです。

今までやったことがない仕事をする時には誰もが不安を感じるものです。

民間の仕事しか経験していなければ、やり方がまったく違う入札案件をちゃんとやれるかどうか、不安になるのは当然です。

そんな時は「みんなの入札ひろば」のような専門の事業者に相談してみるのもよいと思います。

Q：入札はどんな人に向いていますか？

A：成功している人のタイプはさまざまです。

入札の種類はとてもたくさんあるので、人それぞれ、自分の強みを活かせる案件が見つかる、と私は考えています。

Q：入札に参加するうえで、地方在住はハンデになりますか？

A：全省庁統一資格は47都道府県のどこに住んでいても、官公庁の入札案件を手がけることができるので、まったくハンデになりません。

むしろ、地方の活性化を目的とする「地域限定入札」が増えているので、地方に事業所がある方が有利なケースもあります。

Q：入札を始めるのなら、早いほうがいいでしょうか？

A：何ごとにも先行者利益というものがあります。

早くに始めた人は競争相手が少ないうちに、経験やノウハウを身につけられるので、後から始める人よりも有利に活動できることが多いのです。

本書で主に紹介している入札は正式名称を「一般競争入札」という通り、他の事業者と競争するのが前提です。

参加者全員で競争をすることになるので、初心者よりも経験を積んだ人が有利なのは当然です。

地方自治体の入札は出来レースが少なくないとも言われていますが、官公庁入札はまだ、参加者が少ない「ブルーオーシャン」です。が、しかしコロナ禍で経済が落ち込む中、情報通の人がどんどん参加してくるようになっています。

国も経済活性化政策の一環として、お金をどんどんつぎ込むようになってきたので、今後はさらに注目が集まり、どこかで認知度のブレイクスルーが起きると考えられます。

まだ競争相手が少ない今が、先行者利益を活かせる最後のチャンスかも知れません。

Q：入札はこれからどうなっていくと思いますか？

A：市場規模と件数がどんどん拡大していくはずです。

国内外の経済は今、新型コロナウイルスのせいで、これまで誰も経験したことがないようなダメージを受けています。

歴史を振り返ると、景気が落ち込んだ時にはほとんどの国で大規模な公共投資が行われます。簡単に言えば、国が民間に大きな仕事を大量に発注して、市場にお金を注入するのです。

政府も、「中小企業に直接発注することで経済の活性化を図るべき」とする考えを示しているので、コロナ禍が続く中、今までに増して入札が重視され大きな資金が注入されるはずです。

おわりに

私の名前は山下豪。

1969年に京都市で生まれました。

実家が露天商の金魚屋さんだったので、幼少期から縁日や初詣で金魚すくいの露店の店番をしていました。他には、綿菓子やくじ引き、たこ焼きや天津甘栗などの店番も兼ねていたおぼえがあります。常にお金のやり取りをしていたので子供ながらにしてセールストークや値付けの考え方、リピート方法などの稼ぐ方程式のようなものを自然と身につけてきた気がします。

そんな私ですが、個人として初めて人にモノを売ったのは小学2年生の夏休み。近所にあった松尾大社の側溝で捕まえたザリガニを1匹500円で実家の軒先で販売したところ、同年代の親子連れが買ってくれました。その時に受け取った500円札の重さと買ってくれた親子の笑顔を今でも覚えています。

その後も、露天商の手伝いとアルバイトをくり返し、現金をやり取りしているうちに、時給や日給で働くことがアホらしく感じられ、「自分でやったほうが儲かるんじゃないか」と思い始めました。

ところが、世の中は子供が思うほど甘くはありません。15歳の夏、私は衝撃的な挫折を味わってしまいました。

高校に通うかたわら、実家の裏にあった使っていない店舗を再利用してお好み焼き店を始めたのですが、どうにもお客さんが入ってくれません。結局、負債を残したまま数カ月で閉店することになってしまったのです。この時、独立して起業することの大変さを痛いほど経験した私は「独立起業なんてするものではない！ 雇用されているほうが安全だ」と思うようになりました。

高校を無事に卒業して京都市内の町工場に就職。自動車板金塗装の職人として19年にわたって勤務した後、建築関係の会社で現場作業をしながら、営業や集客を担当しました。

すると、長年、自動車修理工場で封印してきた商売の血が再び湧き上がってきたのです。

むさぼるようにして営業とマーケティングの知識を学んだ私は、とにかくいろいろなビジネスを実践してみました。官公庁入札もその時に実践してみたビジネスメソッドの一つです。

そうして、いくつかのビジネスで成功を収めた私は2018年に「株式会社ホットプラス」を設立し、現在に至ります。すごく遠回りをしましたが高校時代にトライして挫折を味わった独立起業を果たすことができました。

小学校2年生の「ザリガニ屋さん」に始まり、職人、営業マン、そして経営者と、さまざまな仕事を手がける中で、一貫してマーケティングを意識し、そのスキルを追求してきました。

そんな中で私が得た結論は「優れたマーケティングには営業（セールス）は必要ない」というものです。地道な営業などしなくても適切な戦略さえあれば自ずと集客できる、という発想で取り組んできた結果、今ではマイナビ独立などのビジネス情報掲載サイトでの反響は1位の常連となっています。

その他にも、「高反響率をたたき出すDM戦略」「競合撃破のセールストーク」など、ビジネスに役立つさまざまな手法を確立。顧客の皆様に提供しています。

本書で紹介した官公庁入札はまさに営業不要のビジネスメソッドです。やり方を学んで、国のお仕事を手がけることで、多くの事業者の方が現状の課題を克服し、さらなる飛躍を実現できるはずです。

自身の経験に基づいて、私はそう信じています。

ですから、今後も仕事に困っている人や営業が不得手な企業などが経済的なピンチを乗り越えて成功をつかめるよう、入札のノウハウ普及に力を注いでいくつもりです。

山下　豪

<著者プロフィール>

山下　豪（やました つよし）

1969年　京都府京都市出身。

個人経営の街の小さな金魚屋に生まれ、幼少期から親の手伝いで縁日などで金魚すくいの店番をする。

大阪体育大学付属浪商高校卒業後、京都市内の町工場（自動車板金塗装店）に約19年間職人として修業。その後、京都市内にて建築関連会社で現場作業、営業職を経て集客マーケティングを主に実践。

2018年に株式会社ホットプラスを設立し、現在に至る。

「いくら良い技術を持ってても技術力では仕事が取れない――いくら良い商品を持ってても商品力では売れない時代。大事なことは、どんな時代になっても一生稼げるマーケティング力と営業力を身につけること！」が信条。


国のお仕事をネットで検索!

誰でも稼げる入札のススメ

2021年 2月 22日　　初版第 1刷発行

著　者　　山下 豪
発行者　　池田 雅行
発行所　　株式会社 ごま書房新社
〒101-0031
東京都千代田区東神田 1-5-5
マルキビル 7F
TEL 03-3865-8641（代）
FAX 03-3865-8643
カバーデザイン　（株）オセロ 大谷 治之
DTP　ビーイング 田中 敏子
印刷・製本　精文堂印刷株式会社

ISBN978-4-341-08775-3 C0034

ごま書房新社の本

～中小企業3000社の「営業マン」に貢献した「三方よし」の新・営業術～

“テレワーク時代”に売上を伸ばす！「営業ムダとり」戦略

テレワーク営業エバンジェリスト
「営業ムダとり」®コンサルタント　世古 誠 著

発売即 Amazon1位！ ※環境とビジネス部門
19年間で中小企業3000社の営業マンを救った「伝説」のコンサルタント！

【「テレワーク営業エバンジェリスト」世古誠 考案！圧倒的効果！】

本書では19年間、3000社の営業マンと共にノウハウを築いてきた私が予測する、「ビジネスの地殻変動」とそれらに「対抗する手立て」をご紹介していきます。

「断・捨・離」３つのＳＴＥＰですぐに効果発揮！コロナ下の新ビジネス時代到来！昭和・平成の常識崩壊。時代に取り残されない、斬新な営業戦略が利益を産み出す！ゼロから学ぶ“令和時代”の営業バイブル！

本体1500円＋税　四六判　200頁　ISBN978-4-341-08777-7　C0034